Esperanza

para el corazón
de una madre

Libros de Christina Fox publicados por Portavoz:

Esperanza para el corazón de una madre

Los ídolos en el corazón de una madre

*Un temor santo: Cómo el temor del Señor te
proporciona gozo, seguridad y paz*

El mensaje que escuchamos de la cultura que nos rodea es que somos mujeres y mamás "suficientes", pero eso es mentira. Ninguna de nosotras podría ser suficiente para hacer frente a las dificultades y exigencias de ser madres. Por eso necesitamos escuchar las buenas noticias que anuncia Christina Fox en *Esperanza para el corazón de una madre*. No somos suficientes, ¡pero Cristo sí lo es! Cada breve capítulo de este libro está lleno de buenas noticias: buenas noticias de la gracia sobre las cuales necesitamos reflexionar, meditar y descansar.

Nancy Guthrie, maestra de la Biblia; autora de *Santos y sinvergüenzas en la historia de Jesús*

¡Este libro es para la madre cansada que necesita una amiga que le hable de Jesús! Este libro completo, con oraciones de guía y preguntas reflexivas, ofrece meditaciones fáciles de realizar, llenas de esperanza duradera.

Emily Jensen, coautora de *Maternidad redimida: La esperanza del evangelio para momentos cotidianos*

Me encanta la riqueza teológica y la sabiduría práctica de este libro. Como abuela, lo primero que pensé al leerlo fue: "Hubiera necesitado leer este libro cuando mis hijos eran pequeños". Después me di cuenta de que incluso ahora necesito leerlo para que me instruya y me inspire a vivir fiel al pacto de orar y alentar a las madres jóvenes.

Susan Hunt, ex directora de ministerios para la mujer de la Iglesia Presbiteriana de los Estados Unidos; autora de *Maternidad espiritual: El modelo de Tito para la mujer de hoy*

Ser madres a menudo nos lleva al final de nosotras mismas. El fregadero se desborda de platos, la hora de la siesta tan ansiada no ocurre y el corazón de nuestros hijos revela nuevas complejidades todos los días. Detrás de cada paseo al parque infantil y de cada proyecto de arte manual hay una mujer que conoce su propia fragilidad. Sin embargo, como Christina Fox nos recuerda de manera tan amable, nuestra debilidad es solo una oportunidad para ponernos en las manos de Aquel que es inexorablemente fuerte. Con ejemplos prácticos, oraciones útiles y la rica verdad del evangelio, *Esperanza para el corazón de una madre* es un regalo para las mamás. En estas páginas, tanto las mamás nuevas como las experimentadas dejarán de ver sus propios defectos para ver la suficiencia de Cristo. ¡Mamás, tengan esperanza!

Megan Hill, autora de *Contentment: Seeing God's Goodness*; editora de Gospel Coalition [Coalición por el Evangelio]

Esperanza para el corazón de una madre ofrece el consuelo vivificador del evangelio para enfrentar las luchas reales y la "insuficiencia" de ser madre. Sus promesas y oraciones nos llevan a levantar nuestra mirada y contemplar la total "suficiencia" de Cristo para este sagrado llamamiento de ser madre.

Karen Hodge, coordinadora de ministerios para la mujer de la Iglesia Presbiteriana de los Estados Unidos; coautora de *Transformed: Lifetaker to Life-giver* y *Life-giving Leadership*

Ser madre es una de las mayores bendiciones y también uno de los mayores desafíos de la vida. Muchos libros para madres hablan de lo que debemos hacer para tener éxito como madres. En cambio, Christina nos habla constantemente de la esperanza que tenemos en quién es Jesús y lo que hizo por nosotras. Si estás agotada en tus esfuerzos por ser una mejor madre, ven y encuentra descanso en Jesús.

Rachel Green Miller, autora de *Beyond Authority and Submission: Women and Men in Marriage, Church, and Society*; bloguera, *A Daughter of the Reformation*

He descubierto que la lucha más grande que enfrento en la vida cristiana es la de encontrar mi gozo en Cristo y no en las cosas de este mundo (como mi salud, mis logros, mi esposa y mis hijos, mi cuenta bancaria, etc.). Las madres enfrentan esta misma lucha de manera inigualable, por eso estoy tan emocionado con el nuevo libro de Christina Fox, *Esperanza para el corazón de una madre*. Con gran humildad, sinceridad y humor, Christina aborda las diversas luchas que las madres tienen en común y, en cada una, conduce a las madres a Cristo como la única fuente de gozo real y duradero. Si eres madre o te gustaría ser madre algún día, necesitas leer este libro.

Guy Richard, director ejecutivo y profesor asistente de Teología Sistemática en Reformed Theological Seminary, Atlanta

Ser madre no deja mucho espacio para pasar tiempo a solas, pero es muy importante aprovechar unos momentos cada día para recargar nuestras energías. Maravillosamente escrito, *Esperanza para el corazón de una madre* es precisamente lo que necesita la mamá ocupada. ¡Tómate hoy unos minutos para llenar tu alma de estas verdades inspiradoras y refrescantes!

> **Ruth Schwenk,** fundadora de TheBetterMom.com; autora de *The Better Mom Devotional: Shaping Our Hearts as We Shape Our Homes*

Christina se ha convertido en una de mis autoras cristianas favoritas. *Esperanza para el corazón de una madre* es un libro lleno de aliento para mamás de cualquier edad y diferentes etapas en la crianza de los hijos. Este libro nos ofrece recordatorios constantes de que debemos ir a Cristo, la Palabra de Dios y el evangelio en los días felices y, a veces, en los días más difíciles como madres.

> **Coleen Sharp,** copresentadora del podcast *Theology Gals*

Esperanza para el corazón de una madre de Christina Fox parece, a primera vista, un libro totalmente orientado a las esposas y madres cuyas experiencias las han llevado al límite, y más allá. Sin embargo, los esposos y los padres que lean este libro no solo aprenderán a sentir empatía, sino que también descubrirán que, al igual que para sus esposas, la promesa: "Todo lo puedo en Cristo que me fortalece" (Filipenses 4:13) también les muestra a ellos de qué manera seguir adelante frente a las demandas de la vida familiar.

> **Kenneth J. Stewart,** profesor de Estudios Teológicos en Covenant College, Lookout Mountain, Georgia

Esperanza

para el corazón
de una madre

CHRISTINA FOX

EDITORIAL
PORTAVOZ

La misión de *Editorial Portavoz* consiste en proporcionar productos de calidad —con integridad y excelencia—, desde una perspectiva bíblica y confiable, que animen a las personas a conocer y servir a Jesucristo.

Publicado originalmente en Estados Unidos por P&R Publishing Company, P.O. Box 817, Phillipsburg, New Jersey 08865-0817 con el título *Sufficient Hope*, copyright © 2019 por Christina Fox. Traducido con permiso. Todos los derechos reservados.

Título en castellano: *Esperanza para el corazón de una madre* © 2022 por Editorial Portavoz, filial de Kregel Inc., Grand Rapids, Michigan 49505. Todos los derechos reservados.

Traducción: Rosa Pugliese

EDITORIAL PORTAVOZ
2450 Oak Industrial Drive NE
Grand Rapids, Michigan 49505 USA
Visítenos en: www.portavoz.com

ISBN 978-0-8254-5989-4 (rústica)
ISBN 978-0-8254-6956-5 (Kindle)
ISBN 978-0-8254-7855-0 (epub)

1 2 3 4 5 edición / año 31 30 29 28 27 26 25 24 23 22

Impreso en los Estados Unidos de América

Printed in the United States of America

A mi hermana Sabrina:

Que Jesús sea tu mayor esperanza
en cada etapa de tu experiencia como madre.

Contenido

Oraciones

Reconocimientos

Con cada libro que escribo, soy más consciente de las personas y comunidades que me ayudan en el proceso y doy gracias a Dios por ellas. Desde amigos que oran, editores que leen y lectores que animan, estoy en deuda con todos y cada uno de ellos.

Como siempre, estoy agradecida con mi familia: George, Ethan e Ian. No podría escribir sin su apoyo y aliento (¡y el tiempo que me dan para hacerlo!). ¡Los amo!

Estoy agradecida con mi representante, Don Gates, por su trabajo en este proyecto. Gracias, Don, por tu aliento, consejo y tutoría. Un gran agradecimiento a Kristi James de P&R por su entusiasmo y su fe en el proyecto. Es un placer trabajar contigo y estoy agradecida de llamarte mi amigo. Gracias también a mi editora Amanda Martin. Agradezco tu meticulosidad, perspicacia y sabiduría, que son esenciales para el proceso de escritura.

Así como C. S. Lewis necesitó del grupo literario de los *Inklings*, los escritores necesitan amigos que escriban, y estoy agradecida por tener amigos que escriben, me animan y oran por mí. Trillia Newbell, gracias por tu generosa motivación. Megan Hill, es un gozo orar contigo con regularidad mientras nos animamos una a la otra en el ministerio. Rachel Miller, siempre me alientas cuando escribo. Aprecio tu sabiduría y conocimiento. Elizabeth Garn, Holly Mackle y Liz Harper, gracias por sus oraciones y por revisar mi manuscrito. Al equipo de escritores de enCourage, gracias por permitirme ser parte de su proyecto editorial. La lectura y edición de sus palabras me moldean, me exhortan y me animan en la fe.

Gracias a mis queridas amigas, que me animan constantemente: Lisa Tarplee, Cara Leger y Marilyn Southwick. Han estado conmigo desde el principio. Gracias por sus palabras de aliento y sus oraciones. Gracias a Karen Hodge por su amistad, tutoría y motivación. Me encanta servir con ustedes y el equipo de CDM [*Committee on discipleship ministries*]. Gracias también a Debbie Locke, Amy Masters, Amy Nelson, Maryanne Helms, Jen Acklen y Becky Jackson por su amistad, apoyo y motivación. Y a mi grupo de vida, ¡valoro sus oraciones!

A mis lectores, ¡gracias por leer! Me animan todos los días con sus comentarios y sus mensajes. Muchas veces llegan justo cuando más lo necesito: un generoso recordatorio de que el Señor usa mi conjunto de palabras desordenadas, confusas y, a veces, incluso gramaticalmente incorrectas para su gloria.

¡Y, sobre todo, gracias al Señor por el humilde privilegio de contar sus maravillas a través de la palabra escrita! Que el Señor use las palabras de este libro para su gloria y honra.

Introducción

¿Alguna vez hubieras querido poder retractarte de algo que dijiste en un momento dado? He tenido muchos de esos momentos, pero el que más recuerdo es una conversación que tuve con mi partera. Fui a verla después del nacimiento de mi primer hijo. Como muchos de los primeros partos, el mío fue particularmente complicado. Después del parto tuve muchos problemas de salud y llegué a la cita con la esperanza de que mi partera me ayudara a resolverlos. Todavía puedo visualizar la habitación donde me senté, con mi hijo dormido en su portabebés apoyado sobre el piso. Recuerdo la mirada tierna y el tono amable de mi partera cuando dijo: "Me pregunto si podrías estar sufriendo depresión posparto".

Sorprendida, descarté la idea de inmediato. Pensé: *Esto no es depresión. Conozco la depresión. He diagnosticado y tratado a personas con esta sintomatología. Esto es fatiga y estrés por tener un recién nacido y estar muy enferma.*

Hice un gesto de negación con la cabeza. "Estoy agotada y estresada. Necesito solucionar mis problemas de salud. Eso es todo". (Ahí está. Ese es el momento cuando desearía haber dicho algo como: "¿Sabes una cosa? Puede que tengas razón").

Casi diez meses después, vi un programa de televisión donde una mujer describía su experiencia de depresión posparto. Con lágrimas que corrían por mi rostro, susurré en voz alta: "Esa soy yo". Llamé a mi médico al día siguiente y recibí la ayuda que necesitaba.

Cuando tuve a mi segundo hijo, la depresión posparto volvió. En muchos sentidos, estaba preparada. Recibí atención médica de inmediato e implementé estrategias para combatir la depresión, que sabía que me ayudarían. Sin embargo, estaba luchando. Todavía faltaba algo. No podía identificar qué era, pero sabía que necesitaba otra cosa. Acordé reunirme con mi pastor para que me aconsejara.

Mi pastor me escuchó mientras le contaba todo lo que había hecho para que mi vida funcionara: los pasos que había dado para combatir la depresión, las estrategias que había implementado para mejorar mis circunstancias y todas las soluciones externas que había intentado.

Luego me miró a los ojos y dijo: "Pero no te he oído decir cómo estás confiando en lo que Cristo ya hizo por ti".

No dije nada porque estaba muy confundida. Había acudido a él en busca de una manera de mejorar mi vida, de hacer que mi vida funcionara. Lo que él me estaba dando no era una solución.

Me lo volvió a decir. Y luego empezó a explicarme lo que significa que Jesús vivió una vida perfecta por mí, murió por mí y resucitó por mí. Me mostró cómo el evangelio se aplicaba a mi vida como madre, a mis días difíciles, a mis luchas por manejar mi vida. Esta conversación no estaba basada en un nuevo concepto trascendental. Ya sabía estas cosas, pero no las había vivido. Mi pastor me recordó que mi esperanza y mi gozo no se encuentran en lo que yo puedo hacer, sino en lo que Jesús ya hizo.

Aunque ese día no me fui de la oficina de mi pastor sana y con todos mis problemas resueltos, sí me fui con una semilla de esperanza. Lo que me dijo sobre el evangelio siguió rondando en mi mente hasta que penetró en mi corazón y comenzó a crecer. A medida que pasaban los meses, seguí repasando esa conversación en mi mente y la esperanza siguió creciendo. Sus raíces calaron hondo y, con el tiempo, comenzaron a dar frutos. Comencé a ver todas las circunstancias y situaciones de mi vida desde la perspectiva del evangelio: la verdad de lo que Jesús había hecho por mí.

¿Y sabes lo que aprendí? El evangelio es suficiente. Es suficiente para darnos ayuda y esperanza.

No hace falta decir que tuve un comienzo difícil como madre. No empezó como esperaba. Aunque desde luego hubo alegrías, una nube me seguía a todos lados durante esos primeros años. Felizmente, la depresión se fue, pero la lección que había aprendido de mi pastor quedó grabada en mí. Las verdades de quién es Jesús y lo que vino a hacer me afirmaron en mi labor como madre.

Cada una de nosotras tiene sus propios retos y dificultades como madres. Tal vez tengas un hijo con una necesidad especial. Tal vez tengas tus propios problemas de salud. Quizás haya días cuando simplemente no sepas qué hacer. Necesitas sabiduría. Hay días en los que te sientes abrumada y no tienes fuerzas para hacer lo que debes hacer. Te sientes al límite y presionada en un sinfín de direcciones. Tal vez tengas días en los que te sientas débil e insuficiente y, otros, en los que ser madre resulte muy difícil.

Independientemente de nuestras historias o experiencias, una cosa es igual para todos: *nuestra necesidad de Jesús.*

Esperanza para las madres

Si estás leyendo este libro, supongo que eres mamá. Yo también lo soy. Y, como mamás, a menudo contamos unas a otras nuestras experiencias como mamás. Si nos reunimos para una noche de chicas o si nos sentamos a ver a nuestros hijos jugar juntos, es probable que intercambiemos historias de cosas divertidas que nuestros hijos hayan dicho o hecho. Podrías contar una historia vergonzosa de algo que tu pequeñito dijo (o gritó) mientras usaba un baño público, y nos reiríamos. Podría contarte que nunca corregí a mi hijo menor cuando decía "limonana" en lugar de limonada, porque me parecía simpático, y lo triste que estaba cuando al final aprendió a decirlo correctamente.

También tendríamos historias que contar sobre los retos que

hemos enfrentado como mamás. Quizás te cuente sobre la vez que uno de mis hijos se perdió en el zoológico de San Diego y lo mucho que lloré cuando finalmente lo encontré. Podrías contarme sobre un problema de salud crónico de tu hija y lo desesperada que estás por conocer la causa.

Y luego están las historias difíciles y dolorosas, las que nos rompen el corazón y nos quitan el sueño por la noche. Podríamos contarnos preocupaciones sobre el corazón descarriado de nuestros hijos y las tentaciones a pecar o el problema con el que uno de nuestros hijos con necesidades especiales lucha todos los días. Nos lamentaríamos juntas por las penas y los miedos de cada una.

Tales historias varían de una madre a otra, pero todas tenemos historias. La verdad es que, como mamás, todas pasaremos buenos y malos momentos con nuestros hijos. Todas nos reiremos de las payasadas de nuestros hijos y sonreiremos por sus personalidades únicas. Disfrutaremos de la alegría de sus abrazos y besos, así como de leerles el mismo cuento a la hora de dormir cada noche.

Sin embargo, también lloraremos y nos preocuparemos por nuestros hijos. Muchas veces nos sentiremos frustradas y, tal vez, incluso nos enojaremos con nuestros hijos. Enfrentaremos dificultades con ellos. Algunas de nosotras podríamos experimentar tiempos sumamente difíciles, como discapacidades o enfermedades, problemas o trastornos de comportamiento, barreras o conflictos relacionales.

Cualesquiera que sean las experiencias que enfrentemos como madres, todas necesitamos a Jesús, y Él es suficiente. De eso se trata este libro: de nuestra necesidad del evangelio de Jesucristo. En todo momento, en cada etapa y cualesquiera que sean nuestras circunstancias, el evangelio puede darnos esperanza.

A lo largo de este libro, encontrarás ejemplos de retos o dificultades que todas enfrentamos como madres, como el miedo por nuestros hijos, el cansancio y agotamiento, la preocupación por el pecado de nuestros hijos, la lucha con los conflictos de identidad que sentimos como mamás o los momentos cuando nos preguntamos si nuestra labor siquiera importa. El evangelio tiene algo que decir a estas y al resto de las dificultades que enfrentamos.

Los dos primeros capítulos sientan las bases del libro, y los capítulos siguientes analizan aspectos específicos de las madres desde la perspectiva del evangelio. Cada capítulo nos enseña nuestra necesidad de Jesús y el evangelio. Además, cada capítulo tiene una oración para ayudarnos a recordar el evangelio, así como un pasaje para leer y reflexionar.

Se produce un crecimiento asombroso en un contexto de comunidad. Considera reunirte con otras mamás para leer este libro y aprender unas de otras. El libro también se puede utilizar en un contexto de relaciones de discipulado entre mujeres mayores y jóvenes. No importa la etapa en que nos encontremos como madres, todas necesitamos el aliento del evangelio.

Espero que este libro te anime a volverte a la verdad de quién es Jesús y lo que vino a hacer en cada circunstancia que enfrentes como madre. Que puedas encontrar tu ayuda y esperanza en Él. Y que tu amor por Jesús crezca al considerar todo lo que Él es para ti.

Tu hermana en Cristo.
Christina Fox

1

Jesús es más que suficiente

Cuán bendecidos somos de disfrutar de este tesoro
imponderable, el amor de Cristo... Cristo es
nuestro todo, todas las demás cosas son nada.

Samuel Rutherford

¿Alguna vez has pasado semanas, o incluso meses, planificando algo... y al final se frustró? Algo inesperado se interpuso en tus planes perfectamente trazados y eso reveló el poco control que tienes de las cosas. Te sentiste inútil e impotente. Eso me pasó en unas vacaciones recientes para celebrar el Día de Acción de Gracias.

Alquilamos una cabaña en las montañas donde nuestra familia podía reunirse para celebrar ese día festivo. Era una hermosa cabaña de troncos con una chimenea de piedra y un gran porche delantero que ofrecía una clara vista de las montañas. Hacía mucho frío, pero el día estaba despejado y soleado. La familia había viajado durante horas para reunirse y celebrar con nosotros.

En las semanas previas al viaje, planifiqué los menús y tomé en cuenta cuidadosamente las necesidades y preferencias dietéticas de cada uno en particular. Pensé en lugares donde podríamos ir y cosas que todos, sin importar su edad o habilidad, podrían realizar. Quería hacer caminatas, probar restaurantes y explorar las pintorescas tiendas de regalos. Sobre todo, estaba emocionada de pasar tiempo con familiares que no suelo ver a menudo.

¿Adivina qué pasó? Se comenzó a enfermar una persona tras otra, incluso yo. Pasé los últimos días de nuestras vacaciones en la cama. Y me perdí por completo una de las actividades que había planeado que hiciéramos todos. Las vacaciones que tanto había planificado y preparado seguramente quedarán registradas en los libros de nuestra historia familiar como "el Día de Acción de Gracias cuando todos nos enfermamos" y no como "las vacaciones meticulosamente planificadas".

Necesitamos a Jesús

A menudo necesito una interrupción como esa para recordar que no tengo el control de las cosas. Que no lo tengo todo resuelto. Que dependo de otros. Esta es una verdad que también he tenido que enfrentar como madre en innumerables ocasiones. De hecho, si hay algo que ser madre me ha enseñado es que sola no puedo hacerlo todo. Necesito ayuda. Esta es una realidad humillante para mí, ya que siempre he sido una persona independiente. Cuando tengo un objetivo, trabajo duro y trato de lograrlo. Puedo buscar consejo o ayuda a lo largo del camino, pero a fin de cuentas sé que, si quiero llegar a la meta, tengo que hacer lo que haga falta.

Enfrenté mi experiencia como madre de la misma manera. No soy del tipo de persona que se deje llevar por los sentidos; me gusta estar preparada. Así que me compré todos los libros, estudié todos los métodos y leí todas las investigaciones. Me dediqué al tema de la misma manera que lo hice con un proyecto de la universidad. Me entregué de lleno, así como lo hice en mi trabajo. Sin embargo, a diferencia de otras cosas en mi vida, ser madre no cabe en un solo molde. Mis hijos no siempre se ajustaban a lo que decían los libros. Más de una vez, los métodos fallaban. Las investigaciones a menudo parecían estar equivocadas.

En consecuencia, aprendí una lección. Como las estrías que han quedado grabadas para siempre en mi piel, ser madre me llevó al límite de mis fuerzas, más allá de lo que era capaz de soportar. Aprendí que era débil e insuficiente y que no podía depender de mis propios recursos o mis propias fuerzas. No podía depender de mi propia sabiduría. No podía encontrar ayuda y esperanza estudiando los métodos. No podía hacer que todo funcionara bien en mi vida.

Necesitaba a Jesús. Por supuesto, siempre había necesitado a Jesús; todas lo necesitamos en cada etapa de la vida. Es solo que Dios a menudo usa la experiencia de ser madre, con todos sus retos y dificultades, para poner esa necesidad frente a nuestros propios ojos.

Ser madres revela nuestra necesidad de un Salvador. Sin importar la etapa en la que se encuentren nuestros hijos —infancia y niñez temprana, adolescencia o cualquier otra etapa—, necesitamos que Jesús nos ayude. Necesitamos que Jesús sea nuestra fortaleza y sabiduría, que nos salve y nos rescate de nosotras mismas, y que sea nuestra constante a través de los altibajos de ser madres. En cada etapa, el evangelio se vuelve mucho más bello, valioso y profundo para nosotras.

A medida que avancemos en este libro, quiero mostrarte a Jesús, tu necesidad de Él y su suficiencia para ti. Sin importar cuál sea tu historia, las circunstancias que estés atravesando, o los retos que estén enfrentando tus hijos, Jesús es más que suficiente. Tienes esperanza en Él, por quién es Él y lo que hizo.

Nuestro preeminente Salvador

Comenzaremos por poner especial atención en Jesús y en quién es Él. En el libro de Colosenses, Pablo describe a Jesús en términos casi poéticos. Algunos piensan que quizás usó palabras de uno de los primeros himnos.

Él es la imagen del Dios invisible, el primogénito de toda creación. Porque en él fueron creadas todas las cosas, las que hay en los cielos y las que hay en la tierra, visibles e invisibles; sean tronos, sean dominios, sean principados, sean potestades; todo fue creado por medio de él y para él. Y él es antes de todas las cosas, y todas las cosas en él subsisten; y él es la cabeza del cuerpo que es la iglesia, él que es el principio, el primogénito de entre los muertos, para que en todo tenga la *preeminencia*; por cuanto agradó al Padre que en él habitase toda plenitud, y por medio de él reconciliar consigo todas las cosas, así las que están en la tierra como las que están en los cielos, haciendo la paz mediante la sangre de su cruz (Colosenses 1:15-20).

En el versículo 18 aparece la palabra *preeminencia*. No es una palabra que usemos todos los días (¡tal vez porque la podríamos usar para pocas cosas!). *Preeminencia* significa superioridad y traduce la palabra griega *proteúo*, que significa ser el primero en rango o influencia.[1] De esta obtenemos palabras como *protagonista*, el personaje principal de una historia, o *prototipo*, que es el primer modelo de algo.

Pablo escribió que Cristo es "el principio, el primogénito de entre los muertos, para que en todo tenga la preeminencia". Esta descripción de Cristo comunica algo importante. Cristo debe ocupar el primer lugar en nuestras vidas. Debe tener una posición excelsa. Debería estar muy por encima de todas las demás cosas.

---

1. Ver James Strong, *The New Strong's Expanded Exhaustive Concordance of the Bible* (Nashville: Thomas Nelson, 2010), número de Strong 4409. Edición en español, *Nueva Concordancia Strong Exhaustiva*, publicada por Editorial Caribe, 2003.

Debe tener el lugar supremo en nuestros pensamientos, deseos, lealtades, motivaciones y acciones.

En este pasaje, Pablo explica por qué: Cristo es la segunda persona de la Trinidad; Él es Dios. Existía desde antes que comenzara el tiempo. Por medio de Él fueron creadas todas las cosas. Todo fue creado para Él. Cristo gobierna sobre todo y todos, tanto lo visible como lo invisible, incluidos todos los que gobiernan en el poder. Todas las cosas en Él subsisten; mantiene la creación en orden y en su debido funcionamiento.

Así como Cristo es el primero en la creación, es el primero en la Iglesia. Él la creó. Por medio de su sangre que derramó en la cruz, formó la Iglesia. Él es su cabeza y ella es su cuerpo. Debido a su obra expiatoria en la cruz, recibimos la redención del pecado y la paz con Dios. Él nos reconcilia con Dios.

Para resumir este pasaje, *Cristo es Señor de todo*.

Este mismo Jesús, el que puso las estrellas en el cielo; Aquel cuyas manos tus pecados traspasaron, es Aquel que es suficiente para ti en tu experiencia como madre. Él te levanta, te fortalece y te sostiene. Es tu sabiduría. Es tu salvación. Es tu paz.

Tal como mi pastor me recordó sabiamente cuando estaba luchando con la depresión, saber quién es Jesús y lo que vino a hacer es suficiente para darnos ayuda y esperanza. ¿Me acompañas a hacer la oración de la siguiente página?

Para el corazón de una madre

1. Lee 2 Corintios 4. ¿Cómo se exalta Cristo en la vida de Pablo? ¿Cómo ve Pablo sus debilidades? ¿Qué es el "tesoro en vasos de barro"?

2. ¿Cómo sería tu vida, como madre, si Jesús tuviera la preeminencia en tu vida?

3. Acude a Dios en oración y exalta a Jesús por quién es Él para ti.

Una oración sobre la suficiencia de Cristo

...para que en todo tenga la preeminencia
(Colosenses 1:18).

Amado Padre celestial:

Vengo ante ti, hoy, abrumada por la vida. El reto de hacer malabarismos entre mis deberes como madre y otras responsabilidades a menudo es más de lo que puedo soportar. Al leer este pasaje sobre la preeminencia de Cristo, recuerdo que, aunque yo no soy suficiente, Él es suficiente para mí.

Él gobierna sobre todas las cosas, desde la creación hasta la Iglesia, incluso mi experiencia como madre. Puedo confiar en que Él será para mí lo que yo no puedo ser.

Perdóname por no exaltar a Jesús por quién es Él. Perdóname por pensar que puedo vivir la vida sin Él. Perdóname por buscar fortaleza y sabiduría fuera de Él. Perdóname por no dar a Cristo un lugar supremo en mi vida.

Ayúdame a ir a Cristo y darle el primer lugar en mi vida. Que tenga la preeminencia en mis pensamientos, mis metas y mis planes. Que sea preeminente en mi vida como madre. Que sea el Señor de todo.

En el nombre de Jesús. Amén.

2

Las buenas noticias que las madres necesitan

Gracias a que Cristo ascendió a los cielos e intercede por nosotros, no tenemos por qué temer en este mundo.

JUAN CALVINO

Piensa en las cosas que hiciste hoy. ¿Te despertaste antes que los demás y te preparaste para enfrentar el día? ¿Empacaste el almuerzo para los niños o preparaste las lecciones para la escolarización en casa o tal vez enviaste algunos correos electrónicos de último minuto antes del trabajo?

Quizás tú y tu esposo despertaron juntos a los niños, les prepararon el desayuno y los llevaron a la escuela. Puede que hayas pasado el día en el trabajo, de una reunión en otra, mientras intentabas hablar con el pediatra sobre las infecciones crónicas del oído de tu pequeño. O tal vez hiciste recados toda la mañana, con un niño en la parte delantera del carrito y otro en la parte trasera, y de alguna manera también te las arreglaste para meter los comestibles entre esos cuerpitos movedizos. Tal vez tu lista de tareas pendientes también haya incluido pagar algunas facturas, lavar la pila de ropa sucia, ayudar con las tareas escolares y llevar a tus hijos a jugar con otros niños, practicar un deporte o alguna otra actividad. Luego ¿terminaste el día con el ritual nocturno de la hora del baño, cuentos, oraciones y abrazos de buenas noches?

En todo lo que hiciste a lo largo del día, y dondequiera que lo hayas pasado, ¿pensaste en el evangelio? ¿Meditaste en las verdades de lo que Jesús hizo? ¿Intervinieron esas verdades en alguna de las actividades, labores, conversaciones o dificultades que encontraste durante el día? ¿Recordaste la suficiencia de Cristo para ti? Y, si es así, ¿todo eso determinó tu día y te mostró tu esperanza en Cristo?

Este libro trata sobre la suficiencia del evangelio que da esperanza a las mamás. En este capítulo, hablaré sobre el evangelio, lo que quiero decir con esa palabra y cómo se aplica a toda la vida.

El evangelio de Jesús

Todas sabemos cómo es tratar de hablar con alguien que no nos comprende. Puede que tengamos que repetir lo que estamos tratando de decir o hacer preguntas para averiguar exactamente qué está causando la confusión. Con frecuencia, las palabras que usamos son parte del problema. A veces una persona puede usar una palabra en un sentido diferente a la otra. Puede que tengamos una conversación centrada en un tema; pero, si nuestra definición de ese tema difiere, es probable que no lleguemos a comprendernos.

Las palabras son importantes, así que echemos un vistazo a la palabra *evangelio*. La usaré mucho a lo largo de este libro y quiero asegurarme de que su definición sea clara. Nuestra palabra *evangelio* en castellano proviene de la definición de la palabra griega *euanguélion*.[1] Esta palabra está formada por el prefijo *eu-*, que significa

---

1. Ver James Strong, *The New Strong's Expanded Exhaustive Concordance of the Bible* (Nashville: Thomas Nelson, 2010), número de Strong 2098. Edición en español, *Nueva Concordancia Strong Exhaustiva*, publicada por Editorial Caribe, 2003.

"bueno" o "bien", y la palabra *angélos*, que significa "mensajero".[2] La palabra *evangelio* significa "buen mensaje" o "buenas noticias". En el Antiguo Testamento, el término "buenas nuevas", por lo general, quiere decir: buenas noticias. Se refiere a alguien que anuncia algo bueno, como en el proverbio: "Como el agua fría al alma sedienta, así son las buenas nuevas de lejanas tierras" (Proverbios 25:25) y en este pasaje de Isaías: "¡Cuán hermosos son sobre los montes los pies del que trae alegres nuevas, del que anuncia la paz, del que trae nuevas del bien, del que publica salvación, del que dice a Sion: Tu Dios reina!" (Isaías 52:7).

En el Nuevo Testamento, la palabra *evangelio* o "buenas nuevas" adquiere un significado más profundo y específico. Comienza con un anuncio de buenas noticias: ha nacido un bebé. "No temáis; porque he aquí os doy nuevas de gran gozo, que será para todo el pueblo: que os ha nacido hoy, en la ciudad de David, un Salvador, que es CRISTO el Señor" (Lucas 2:10-11). Sin duda, un bebé ya constituye una buena noticia; pero la buena noticia del *evangelio* es que este bebé crecería y llegaría a ser el Salvador: Cristo el Señor.

Después que Jesús regresó al cielo y los discípulos comenzaron su ministerio, la palabra *evangelio* se empezó a usar para referirse a las buenas nuevas de quién es Jesús y lo que vino a hacer. Los primeros cuatro libros del Nuevo Testamento se denominaron "Evangelios", porque trataban sobre Jesús, su vida y lo que hizo por nosotros. El reformador Juan Calvino usó la palabra *evangelio* para referirse a todo lo que Jesús hizo: "Cómo vino al mundo nuestro Señor Jesucristo, cómo vivió, cómo murió, cómo resucitó, cómo ascendió al cielo. Todo ello, digo, figura bajo el título 'Evangelio'".[3]

Hace algunos años, el difunto David Nicholas ocupó el púlpito durante un tiempo en una iglesia a la que asistía nuestra familia en

---

2. Strong, número de Strong 32.

3. Juan Calvino, *Sermons on the Deity of Christ* (Audubon, NJ: Old Paths Publications, 1997), 14.

Florida. Solía decir que no se pueden predicar las buenas nuevas sin dar las malas noticias primero; muchos de sus sermones se centraban en lo que él denominaba "malas noticias/buenas noticias". Es cierto, no podemos aceptar o apreciar las buenas nuevas del evangelio sin primero entender qué lo hace tan bueno. Ahí es donde entran las malas noticias.

La mala noticia es que somos pecadores. No solo cometemos pecados; somos pecadores. Es una naturaleza que heredamos de nuestros primeros padres, Adán y Eva. Cuando pecaron por primera vez al comer del árbol del conocimiento del bien y del mal, el pecado entró en el mundo. Se filtró en toda la creación, incluido el corazón de la humanidad.

Porque Dios es santo y justo, ninguna cosa ni ninguna persona que no sea santa y justa puede estar en su presencia. Incluso un pecado es suficiente para mantenernos separados de Dios, ¡y pecamos innumerables veces al día! Como pecadores, merecemos la ira de Dios y el castigo por el pecado: la eternidad en el infierno. Dios es juez de todo el mundo y ese es su veredicto. Él estableció el sistema de sacrificios en el Antiguo Testamento para mostrar que debía derramarse sangre para que el pecado fuera perdonado. Sin embargo, los sacrificios de animales no eran suficientes para reconciliar a las personas con Dios. Los sacrificios tenían que repetirse una y otra vez, día tras día, año tras año.

Por eso, las buenas noticias son tan buenas. Dios el Padre envió a Dios el Hijo, Jesucristo, para que asumiera carne humana. Entró en este mundo pecaminoso y corrompido cuando era un bebé y llevó una vida perfecta. Vivió treinta y tres años sin pecado y luego se convirtió en el sacrificio perfecto, que podía llevar nuestros pecados por nosotros en la cruz. Intervino en su rol de substituto irrevocable y tomó el castigo que merecíamos. Sufrió, murió y fue sepultado. Y después de tres días resucitó. Dado que era justo, la tumba no pudo retenerlo. Ascendió al cielo, donde está a la diestra de Dios, listo y a la espera de regresar de una vez por todas para poner todo en orden y llevarnos a estar con Él por la eternidad.

Mediante la fe en Jesucristo, somos salvos de nuestros pecados. Estamos justificados. Este es un acto legal, a través del cual Dios nos declara justos y nos perdona todos nuestros pecados. Luego somos adoptados en la familia de Dios. A través de nuestra adopción, nos convertimos en sus hijos, los hermanos en la fe se convierten en nuestros hermanos, y Jesús se convierte en nuestro hermano mayor. Como hijos de Dios, tenemos todos los derechos y privilegios que conlleva ser sus hijos y herederos de su reino.

¡Y hay más! La fe nos une a Cristo: somos uno con Él (ver Juan 17:22-23). El apóstol Pablo lo denominó estar "en Cristo". A través de esta unión, todo lo que Él hizo se hace nuestro. Dios nos mira y ve la justicia de Jesús. La muerte que Él murió es nuestra; su resurrección es nuestra. A través de esta unión, recibimos todos los beneficios de la salvación: nuestra salvación está "en Cristo", nuestra santificación está "en Cristo" y nuestra futura glorificación está "en Cristo". Permanecemos en Cristo y Él permanece en nosotros. A través de Él, damos fruto. Separados de Él, nada podemos hacer (ver Juan 15:5).

Como puedes ver, el evangelio es más que lo que sucedió en el momento de la cruz. Es más que responder a un llamado al altar. Es una buena noticia que cambia la vida, destruye el pecado y es superior a la mejor de las noticias que hayas escuchado.

Sin embargo, estas buenas noticias solo son buenas si hacen algo: si nos afectan de alguna manera. Cuando los soldados ganan una batalla, la noticia de su victoria afecta el curso de la guerra. Cuando aceptamos las buenas nuevas, por fe, como un regalo de la gracia de Dios (¡más buenas noticias!), las verdades del evangelio transforman nuestra vida. Ya no somos las mismas personas.

Por eso es tan importante que una palabra tan común como *evangelio* se entienda y quede claro. Algunas personas no la usan como en las Escrituras. Algunos ven el evangelio como algo con lo que están de acuerdo y después siguen adelante con su vida. Algunos lo ven como una póliza de seguros que garantiza que las cosas estarán bien después de su muerte y, después de aceptar a Cristo, no vuelven a pensar en el evangelio. Algunos lo ven como una oportunidad para rehacer su vida, como si eso hiciera borrón y cuenta nueva y les ofreciera la ocasión de hacer las cosas bien la segunda vez. Eso no es el evangelio. No es una cosa de una sola vez. Es una verdad a la que volvemos una y otra vez a lo largo de nuestra vida; una verdad que aceptamos y aplicamos a nuestro corazón. El evangelio nunca quedará en el pasado ni lo dejaremos de necesitar.

Las verdades de quién es Jesús y lo que hizo por nosotras no solo nos salvan para vida eterna (¡con lo importante que es eso!), sino que también transforman nuestra vida diaria aquí en la tierra. Influyen en cómo trabajamos, cómo jugamos, cómo interactuamos con los demás, cómo enfrentamos las dificultades y cómo sufrimos. Transforman la forma en que respondemos a nuestro pecado y al pecado de los demás. Nos dan esperanza cuando estamos desesperanzadas, paz cuando tenemos miedo, y alegría cuando estamos desesperadas. De hecho, tomará una eternidad sondear las profundidades del significado del evangelio para nuestras vidas.

Para el corazón de una madre

1. Lee Efesios 1. ¿Qué verdades del evangelio señala Pablo en la primera mitad del capítulo? Observa su oración por los efesios. ¿Qué verdades del evangelio eleva en oración por ellos?

2. ¿Alguna vez has hecho de la meditación del evangelio una parte de tu rutina diaria? ¿Qué efecto ha tenido en tu mente y tu corazón?

3. Tómate un tiempo para orar hoy y agradecer al Señor por las buenas nuevas del evangelio.

Una oración sobre las buenas noticias

...pero que ahora ha sido manifestada por la aparición de nuestro Salvador Jesucristo, el cual quitó la muerte y sacó a luz la vida y la inmortalidad por el evangelio
(2 Timoteo 1:10).

Amado Padre celestial:

Escucho buenas noticias todo el tiempo. Ya sea un inesperado bono de fin de año o el tan ansiado embarazo de una amiga o que mi equipo favorito ganó un partido. Estas noticias me emocionan. ¡Quiero hacer una fiesta y celebrar!

¿Cuánto más debería gozarme y celebrar la mejor noticia de todas? Las buenas nuevas del evangelio eclipsan cualquier otra noticia. Son buenas noticias que cambian, transforman y sustentan la vida. ¡Cuánto más importantes son las nuevas de tu Hijo Jesucristo por encima de todas las demás noticias!

Padre, perdóname por no vivir como si el evangelio fuera la mejor noticia que alguna vez he escuchado. Perdóname por vivir como si fueran noticias viejas. Perdóname por todas las veces que no he permitido que las buenas nuevas del evangelio determinen mi vida.

Oro para que, al meditar en la verdad del evangelio y en cómo interviene y transforma mi vida, se convierta en una buena noticia para mi corazón. Que pueda gozarme en el evangelio todos los días. Que lo pueda anunciar a quienes me rodean. Que pueda influir en mi forma de vivir y en la forma de criar a mis hijos.

Gracias por las buenas nuevas de Jesucristo.

En el nombre de Jesús. Amén.

3

Recuerda las buenas noticias

Cada día [nuestro Señor Jesucristo] debe ser nuestro
excelente espejo en el que contemplemos cuánto
Dios nos ama y, en su infinita bondad, ha cuidado
de nosotros al dar a su amado Hijo por nosotros.

MARTÍN LUTERO

Desde que soy madre, me olvido de las cosas. Yo suelo decir que es tener "cerebro de mamá". Me olvido de las citas médicas de mis hijos, y las recuerdo solo cuando recibo una llamada del consultorio médico y me preguntan por qué faltamos a la cita. A menudo entro en una habitación y olvido por qué estoy allí. Pongo las cajas de cereal en el refrigerador y el jugo en la alacena. Y siempre me equivoco de nombre cuando llamo a mis hijos.

Ellos me piden todo el tiempo que les recuerde que deben hacer algo, y yo pienso: "¿Me están tomando el pelo? Ni siquiera puedo recordar qué día es y qué estaba haciendo. ¿Cómo puedo recordarles algo?".

A lo largo de los años, he desarrollado hábitos para ayudarme a recordar las cosas. A veces dejo una nota en el espejo del baño para recordarme una reunión importante que tengo a la mañana siguiente. Programo alertas de recordatorios en mi teléfono y reviso mi agenda con regularidad. (¡Aunque todavía no descubrí cómo hacer para no guardar la caja de cereal en el refrigerador!).

Los seres humanos somos propensos al olvido. Poner la ropa en la secadora y olvidarnos de encenderla puede resultar muy irritante. Hacer una gran compra en el supermercado y olvidarnos lo único que necesitábamos puede incluso ser gracioso. Ninguna de las dos cosas es tan perjudicial como olvidarnos de las buenas nuevas del evangelio o tan dañino como no vivir el evangelio en nuestras vidas. Los olvidos de madres palidecen en comparación con el olvido del evangelio.

Supongo que, por eso, las Escrituras a menudo hablan de recordar lo que Dios hizo. Los israelitas debían conmemorar con regularidad las fiestas y celebraciones para recordar lo que Dios había hecho por ellos en el pasado. Nuestro Salvador implementó una comida especial, la Cena del Señor, como un momento especial para que recordemos lo que hizo por nosotros en el evangelio. Y cada vez que la iglesia primitiva luchaba o se descarriaba de la fe o enfrentaba dificultades, los escritores del Nuevo Testamento les recordaban las verdades de quién era Jesús y lo que había hecho.

Recordemos el evangelio

Como mamás cuyo corazón es propenso al olvido, debemos recordarnos el evangelio con regularidad. Necesitamos recordar las buenas nuevas hasta que saturen nuestro corazón y se conviertan en nuestro himno personal. Algunas personas llaman a esto "predicarse el evangelio a uno mismo". Significa simplemente repasar y recordar quién es Jesús y qué vino a hacer.

Cuando luchamos contra el pecado en nuestra vida, recordamos que tenemos un gran Salvador que llevó la vida que nosotras no podíamos vivir. Nos gozamos por su justicia perfecta que se nos ha acreditado. Recordamos cómo murió para pagar por nuestros pecados. Oramos, nos arrepentimos de nuestros pecados y le pedimos a Dios que nos perdone mediante el sacrificio que Jesús hizo por nosotras. Tenemos una gran esperanza en el hecho de que, gracias a que Jesús ascendió al cielo, ahora está ante el Padre intercediendo por nosotras.

Cuando enfrentamos dificultades o pruebas en nuestra vida, recordamos a nuestro Salvador, que dejó las riquezas del cielo para venir a vivir en este mundo caído. Recordamos que creció en la pobreza como hijo de un carpintero; que sabía lo que era tener hambre y estar sin hogar, porque nunca tuvo un hogar propio. Recordamos la pérdida y el dolor que sintió cuando murió su amigo Lázaro, y el rechazo y abandono que experimentó cuando más necesitaba a sus discípulos y ellos lo abandonaron. Recordamos que nunca cedió a los ofrecimientos de Satanás durante su tentación en el desierto. Sobre todo, recordamos el sufrimiento que experimentó por nosotros en la cruz. Porque conquistó la muerte y resucitó, sabemos que nuestros sufrimientos se acabarán. Un día nos despojaremos de nuestro pecado para siempre y nos uniremos a Él en la eternidad.

Cuando la vida es ajetreada, frenética y abrumadora, recordamos a nuestro Salvador. Debido a que estamos unidas a Cristo por la fe, Él es nuestra fuerza en todas las cosas. Nos sostiene con su Palabra. Nos da gracia para resistir. Es nuestra paz en medio del caos. Debido a que hizo todo lo posible para rescatarnos y redimirnos del pecado, sabemos que Él está con nosotras en todo lo que nos suceda o enfrentemos a lo largo del día.

De todas estas y otras formas, recordamos quién es Cristo y lo que hizo. Independientemente de lo que esté sucediendo en nuestras vidas como madres, el evangelio es válido para toda circunstancia; ya sea que lidiemos con nuestros hijos en el coche, lavemos los platos, paguemos las facturas o vayamos al trabajo. Es importante para nuestra vida. Tanto en las cosas grandes como en las pequeñas, determina quiénes somos.

Maneras de recordar el evangelio

¿De qué maneras prácticas podemos reforzar las verdades del evangelio?

Lee y estudia las Escrituras

La Biblia nos enseña ante todo sobre el evangelio. El Antiguo Testamento nos muestra nuestra necesidad de un Salvador, y el Nuevo Testamento nos explica quién es y lo que hizo por nosotros. Los Evangelios son una biografía de la vida de Jesús; hacen una crónica de sus enseñanzas, sanidades y predicaciones. Las epístolas del Nuevo Testamento revelan el evangelio, su significado y su importancia para nuestras vidas. Leer y estudiar la Palabra de Dios nos ayuda a comprender mejor el evangelio y, por consiguiente, a amar más a nuestro Salvador.

Concéntrate en el evangelio

A lo largo del día, podemos concentrarnos en las verdades del evangelio. La manera de hacerlo es contrarrestar los pensamientos pecaminosos o descarriados con la verdad de quién es Jesús y lo que hizo. Respondemos a nuestros pensamientos con lo que hemos aprendido en la Palabra de Dios. Cuando nos sentimos abrumadas, preocupadas, contrariadas, etc., nos preguntamos: "¿Qué dice el evangelio sobre esto?". Cuando las tormentas de la vida arrecian sobre nosotras, ponemos nuestra mirada en Cristo: nuestra ancla y esperanza. Cuando nos sentimos tentadas a pecar, declaramos la verdad del evangelio y nos exhortamos.

Lee libros que resalten el evangelio

Muchos escritores piadosos resaltan a Cristo. Ya sea un libro de teología, un devocional o un libro sobre vida cristiana, cualquier libro que tenga sus raíces en el evangelio nos animará y exhortará

a vivir el evangelio en nuestras vidas. Ningún libro puede susti-
tuir la Palabra de Dios, pero leer otros libros puede ser útil como
complemento.

Escucha canciones de adoración que hablen sobre el evangelio

Todas conocemos el poder que tiene la música para calmar nuestro
corazón. Cuando escuchamos música que nos recuerda el evangelio, no podemos evitar adorar a nuestro Salvador. Esto es particularmente beneficioso cuando nos sentimos abrumadas por nuestras emociones. La música puede llegar a áreas de nuestro corazón
a las que es difícil llegar de otra manera, y cuando la música exalta
el nombre de Jesús y lo alaba por lo que hizo por nosotras, somos
atraídas a su presencia con un corazón agradecido.

Declara el evangelio en oración

Si bien a las mamás les puede resultar difícil apartar un momento
considerable para leer la Biblia todos los días, pueden orar en cualquier momento del día. La oración es algo que podemos hacer
mientras vaciamos el lavavajillas, alimentamos a nuestro bebé
o conducimos el automóvil (¡siempre y cuando lo hagamos con
los ojos bien abiertos!). Y, mientras oramos, podemos declarar el
evangelio.

¿Cómo podemos hacerlo? No hay una fórmula para esto, pero,
sea lo que sea por lo que estemos orando, podemos incluir el evangelio en nuestras oraciones y declarar lo que Jesús hizo mientras
oramos. Podemos reforzar el evangelio en nuestra vida al orar.

Después de todo, vamos a nuestro Padre en oración por lo que
Cristo hizo. Gracias a su vida perfecta y su muerte en sacrificio, la
barrera que se interponía entre nosotros y Dios se rompió. El velo
literal del templo era un claro recordatorio de nuestra separación
de Dios; pero, una vez que se consumó el sacrificio de Cristo,

ese velo se rasgó en dos y desapareció la barrera. Como señalara Calvino:

> [No era] oportuno que el velo se rasgara hasta que se hubiera consumado el sacrificio de expiación; porque entonces Cristo, el verdadero y eterno Sacerdote, que vino a abolir la ley, nos abriría con su sangre el camino al santuario celestial, para que ya no tuviéramos que mantenernos a distancia dentro del pórtico, sino que pudiéramos avanzar libremente hasta la presencia de Dios... Así pues, el velo no se rasgó solo para anular las ceremonias que existían bajo la ley, sino que, en algunos aspectos, fue para abrir el cielo a fin de que Dios ahora pudiera invitar a los miembros del Cuerpo de su Hijo a acercarse a Él con familiaridad.[1]

Por eso Pablo escribió a los efesios: "En él, mediante la fe, disfrutamos de libertad y confianza para acercarnos a Dios" (Efesios 3:12, NVI).

¡Qué privilegio es poder ir al trono de Dios y poner nuestras oraciones a sus pies! ¡Qué increíble es que escuche nuestras oraciones! Y no solo eso, sino también que quiera que vayamos a Él. La oración es nuestra manera de comunicarnos con Dios. Además, es cómo Él obra en nuestras vidas. Él usa nuestras oraciones para cumplir su voluntad, para atraernos cada vez más a su gracia, para transformar nuestros pensamientos y nuestras emociones, y para darnos más de Él.

Querida amiga, acércate a Dios. Clama a Él. Cuando lo hagas, recuerda todo lo que Él hizo por ti en Cristo.

---

1. Juan Calvino, comentario sobre Mateo 27:51, trad. William Pringle, disponible en línea en "Calvin's Commentaries: Matthew 27", Bible Hub, consultado el 5 de septiembre de 2018, https://biblehub.com/commentaries/calvin/matthew/27.htm.

Para el corazón de una madre

1. Lee Romanos 6. ¿Cómo transforma el evangelio nuestras vidas?
2. ¿Te recuerdas el evangelio (te predicas el evangelio)? ¿Cómo puedes hacerlo el día de hoy?
3. Ve a Dios y preséntale en oración las verdades del evangelio con gozo en lo que Cristo hizo por ti.

Una oración para recordar a nuestro Salvador

Si, pues, habéis resucitado con Cristo, buscad las cosas de arriba, donde está Cristo sentado a la diestra de Dios. Poned la mira en las cosas de arriba, no en las de la tierra. Porque habéis muerto, y vuestra vida está escondida con Cristo en Dios. Cuando Cristo, vuestra vida, se manifieste, entonces vosotros también seréis manifestados con él en gloria (Colosenses 3:1-4).

Amado Padre celestial:

¡Qué privilegio y alegría es poder presentarme ante ti como tu hija! ¡Qué gracia asombrosa es que me dieras el regalo de la fe y me salvaras de mis pecados a través de la vida, muerte, resurrección y ascensión de tu Hijo! ¡Gracias, Jesús, por este precioso regalo!

Oro para recordar y repetir todo lo que Jesús hizo todos los días de mi vida. Cuando peco, ayúdame a apropiarme del evangelio e ir arrepentida a la cruz para recibir tu perdón. Cuando sea tentada, ayúdame a recordar a Jesús y la vida perfecta que Él vivió para mí. Cuando tenga miedo, ayúdame a recordar que, en la cruz, Jesús venció mi mayor temor: la separación de ti. Cuando esté desesperada, ayúdame a recordar que, debido a que Jesús conquistó el pecado y la muerte, un día regresará y enjugará todas mis lágrimas. Cuando me sienta débil, ayúdame a recordar que estoy unida a Cristo por la fe en el evangelio y, por lo tanto, puedo ser fuerte en Él. Que día a día, momento a momento, pueda recordar el evangelio y aplicarlo a toda mi vida.

Jesús, tú siempre eres suficiente para mí.

En el nombre de Jesús. Amén.

4

¿Qué esperabas?

Si tienes a Cristo, lo tienes todo. No te desanimes
ni prestes oídos a los susurros de Satanás.

CHARLES SPURGEON

Cuando supiste por primera vez que ibas a ser mamá, ya fuera a
través de una prueba de embarazo o un aviso de una agencia de
adopción, ¿qué imaginaste? ¿Qué imágenes te vinieron a la mente?
¿Te imaginaste acurrucada con tu hijo en el sofá mientras le leías
un cuento? Quizás imaginabas diversión y risas mientras hacían
burbujas de jabón en el patio. O tal vez dulces sonrisas y salpicones
de agua a la hora del baño.

    ¿Te preguntaste cómo sería tu hijo o hija? ¿Te imaginaste que
sería un niño tranquilo y estudioso, con destrezas atléticas, ami-
gable y extrovertido? ¿Imaginaste cómo se veía, actuaría y sería
tu hijo o hija?

    ¿Y qué hay de ti? ¿Cómo te imaginaste como madre? ¿Te ima-
ginaste horneando galletas y preparando divertidas manualidades
para hacer cada día? ¿Imaginaste que serías una mamá cálida, amable y paciente? Quizás te imaginaste como una madre divertida,
que siempre propone nuevas ideas y aventuras creativas. O como

una madre sabia, que puede responder a cualquier pregunta. Tal vez hayas soñado con todas las cosas que le enseñarías a tu hijo y con las experiencias que le brindarías a tu hijo o hija.

¿Pensaste en los retos o las dificultades que enfrentarías como madre? Puede que te hayas preparado para las noches en vela. Puede que hayas escuchado historias de amigas sobre los retos que tuvieron que enfrentar con sus hijos pequeños. Tal vez hayas sido testigo de las rabietas de tu sobrino o sobrina en la mesa de la cena. Sin embargo, en general, antes de convertirnos en mamás, es difícil imaginar las dificultades que podemos llegar a enfrentar. Y, aunque pudiéramos, no hay forma de saber cómo nos sentiremos ante una dificultad en particular o cómo nos afectará a nosotras y a nuestra familia.

Sin embargo, sin duda, ya has experimentado algún nivel de dificultad, como:

- un hijo con una enfermedad crónica
- un hijo con una discapacidad
- un hijo con dificultades de aprendizaje
- un hijo cuyo temperamento es el opuesto al tuyo (o demasiado parecido)
- un hijo que lucha por hacer amigos
- un hijo de voluntad firme

O, tal vez la dificultad ha estado dentro de ti, como:

- una batalla contra la ansiedad o depresión posparto
- falta de paciencia
- aburrimiento y/o insatisfacción como madre
- soledad o aislamiento
- responsabilidades de crianza que recaen sobre ti
- sentimientos de estar abrumada
- tus propios problemas de salud

- factores de estrés financiero que dificultan dar a tu hijo lo que necesita
- luchas por conciliar el trabajo y la vida familiar

De todas estas formas y otras más, las expectativas que tenemos antes de tener por primera vez a nuestro hijo en los brazos chocan de frente con la realidad de lo que es ser madres día tras día.

¿Conoces esos tiernos comerciales de champú para bebés que muestran a mamás y bebés que afianzan su vínculo durante la hora del baño? Esos comerciales a veces me hacen llorar. Otras veces quiero gritar: "¡Ser madre no siempre es así!".

Nuestras expectativas marcan una gran diferencia en cómo respondemos a cada situación. Imagínate recibir un regalo de cumpleaños. Esperas que tu esposo te compre un regalo determinado; después de todo, le hiciste una lista que incluía enlaces a las tiendas donde él podía comprar lo que tú querías. Cuando abres tu regalo, no es lo que esperabas. Ni siquiera de cerca. Ignoró por completo la lista y te compró algo que nunca quisiste que te regalara.

Cuando recibimos un regalo diferente al que esperábamos, nuestro entusiasmo inicial se desinfla rápidamente. Nos desilusionamos y nos sentimos decepcionadas. Puede que nos preguntemos: "¿Cómo pudo pensar que quería que me regalara eso?".

Cuando se trata de tus expectativas como madre, podrías tener diferentes respuestas. Podrías responder con enojo o frustración. Podrías pensar: "¡No es justo!". Podrías buscar a alguien o algo para echarle la culpa. Incluso podrías culparte a ti misma. Ese enojo, con el tiempo, se convierte en una amargura tal que se filtra en todo lo que haces.

Podrías responder con desesperación. El gran peso de tus circunstancias te agobia fuertemente y te impide seguir adelante. Tal vez tengas ganas de darte por vencida. La vida que una vez pensaste que tendrías se acabó, así que ¿para qué molestarse en seguir adelante?

O podrías volverte escéptica y esperar siempre lo peor. Puede que renuncies a la esperanza y pienses que no hay alegría en ser madre. Este escepticismo eclipsa tu experiencia como madre y todos lo sienten… sobre todo tus hijos.

Es importante que analicemos sinceramente las expectativas que teníamos sobre la experiencia de ser madre. Es importante que lo reconozcamos y nos demos cuenta del efecto que eso ha ocasionado en nosotras. Necesitamos evaluar nuestras expectativas con la verdad. Porque a veces nuestras expectativas son incorrectas. A veces pueden estar basadas en la verdad, pero son exageradas. A menudo, nuestras expectativas no tienen en cuenta la caída y su efecto en nuestra vida. Y, sobre todo, nuestras expectativas minimizan el poder del evangelio en nuestras vidas.

Entonces, es esencial saber lo que la Biblia enseña que debemos esperar de la vida.

La historia de las Escrituras

Las Escrituras describen cómo llegamos a donde estamos hoy. Explican por qué las cosas no funcionan como deberían; qué hizo Dios para solucionarlo todo y qué sucederá al final. La historia bíblica de la creación, la caída, la redención y la restauración nos ayuda a comprender las dificultades que enfrentamos como madres. Nos ayuda a ver por qué no se cumplen nuestras expectativas y por qué la vida a menudo parece injusta. Responde a la pregunta que tantas veces nos hacemos las mamás en nuestro corazón: *¿Por qué?* Al recordar esta historia, nuestros ojos se abren y podemos enfrentar nuestras expectativas fallidas, esas cosas que no esperábamos.[1]

Esta gran historia comienza con la historia de la creación. Nos

---

1. Esta sección está inspirada en un artículo que escribí para *The Christward Collective*: ver Christina Fox, "The Story and the Suffering", *The Christward Collective*, Alliance of Confessing Evangelicals, 5 de julio de 2018, https://www.placefortruth.org/blog/la-historia-y-el-sufrimiento#.W4WF4OhKg2w.

cuenta que Dios creó el mundo. Al principio, el mundo era un lugar de perfecta armonía y paz. Todo funcionaba como es debido. Nuestros primeros padres, Adán y Eva, vivían en relación perfecta con su Hacedor y entre ellos. Conocían a Dios y Él los conocía a ellos plenamente. Encontraban alegría el uno en el otro y en su trabajo juntos. Se comunicaban sin ningún conflicto. Estaban unidos y no había barreras entre ellos.

Esta historia nos muestra que el dolor y el anhelo que sentimos por la plenitud y la sanidad se debe a que las cosas hoy no son como Dios destinó que fueran. Todas tenemos la sensación de que falta algo. En el fondo de nuestro ser, sabemos que este mundo no es como debería ser. La razón por la que esperamos que la vida funcione de cierta manera es porque sabemos que así es como solían ser las cosas. En el fondo, esperamos tener hijos sanos, porque Dios originalmente nos creó sanos. La razón por la que esperamos una experiencia llena de alegría es porque esa expectativa está impresa en la fibra misma de nuestro ser. La historia de la creación explica estos anhelos.

El mundo perfecto que Dios creó se echó a perder cuando Adán y Eva escucharon y creyeron las mentiras de Satanás. Desearon ser como Dios y comieron el fruto del árbol que Él les había dicho que no comieran. Se les abrieron los ojos y el pecado entró en el mundo. Sintieron vergüenza y se cubrieron y, desde entonces, hacemos lo mismo. Hemos heredado la naturaleza pecaminosa de nuestros primeros padres y nos pasamos la vida ocultándonos de Dios e intentando encubrir la evidencia de nuestros pecados. Cuando nuestro corazón exclama: "¿Por qué la vida es tan dura? ¿Por qué ser madre no es como esperaba? ¿Por qué mi hijo no es lo que esperaba?", recordamos la historia de la caída y que el pecado es la causa de todo el quebranto y el dolor que sentimos en esta vida: nuestro propio pecado, el pecado de otros contra nosotros y los efectos del pecado en el mundo creado que producen enfermedad y fallas en todas las cosas. Si nuestro hijo tiene una discapacidad o dificultades para aprender, esta historia explica por qué. El pecado de nuestro hijo y nuestras propias respuestas pecaminosas al mismo se remontan también a la caída. La historia de la caída también explica por qué el niño peleón del patio de recreo molesta a nuestro hijo.

Después que Adán y Eva pecaron, Dios les dio a conocer las consecuencias que tendrían que pagar por su pecado, y los expulsó del huerto. Sin embargo, antes que se fueran, Dios prometió que vendría un Salvador, un Redentor, que pondría todas las cosas nuevamente como debían ser (ver Génesis 3:15). El resto del Antiguo Testamento cuenta la historia de la propagación del pecado. Muestra las profundidades de nuestra degeneración y nuestra necesidad de salvación. También revela cómo Dios impulsó su plan para cumplir su promesa de redimir a la humanidad.

Si queremos saber qué está haciendo Dios con respecto al pecado y el sufrimiento en el mundo, debemos ir con nuestros corazones doloridos a la historia de la redención. En el momento perfecto de la historia, Dios vino al mundo. Se revistió de carne humana y vivió la vida que nosotros no podíamos vivir. Jesucristo, el único Hijo de Dios, enfrentó la tentación, el quebranto, el rechazo, el dolor y el sufrimiento, pero nunca pecó. A lo largo de su vida, mostró al mundo quién es Dios. Enseñó, sanó y amó. Abrió los ojos de las personas para que vieran lo que más necesitaban. Soportó la maldición por el pecado en la cruz. A través de la fe en Él, recibimos el perdón por su sangre derramada por nosotros y entramos a la familia de Dios. Se levantó victorioso de la tumba, al vencer a la muerte una vez y para siempre, con la garantía de que, un día, nosotros también resucitaríamos a la vida eterna.

Esta es la historia que debemos recordar y reflexionar en nuestro corazón. Al hacerlo, recordamos que Jesús es el Varón de Dolores que está familiarizado con el sufrimiento. Sabe lo que es enfrentar la pérdida, el abandono, la pobreza, la enfermedad y la tentación. Recordamos que su gracia es suficiente para llevar todas nuestras cargas, preocupaciones, dolores y pecados. Recordamos que no solo tenemos esperanza eterna, sino también esperanza presente debido a lo que Jesús hizo por nosotros en su vida perfecta y muerte sacrificial. Recordamos que nuestras angustias, pruebas y sufrimientos personales nos unen a nuestro Salvador sufriente y nos hacen más semejantes a Él. Encontramos descanso en la verdad de que, debido a que Dios hizo todo lo posible para rescatarnos y redimirnos del pecado, sin duda nos guardará y sostendrá durante cualquier situación que estemos atravesando actualmente. Encontramos esperanza en la promesa de que Jesús está haciendo nuevas todas las cosas (ver Apocalipsis 21:5), incluso nuestro corazón y el de nuestros hijos.

De hecho, enfrentaremos expectativas fallidas en algún momento, pero ser madre es una mezcla de dificultades, así como de grandes alegrías, momentos dulces y recuerdos divertidos. No hay nada como ver a nuestros hijos crecer y madurar mientras dan sus primeros pasos, dicen sus primeras palabras y se deleitan con las maravillas de la creación de Dios. Disfrutar de acurrucarnos con ellos, contarles cuentos y reírnos de sus payasadas es una bendición para atesorar. Es un gran regalo ver a Dios obrar en el corazón de nuestros hijos y ayudarnos a discipularlos en la fe. Estas alegrías son un regalo de la gracia de Dios, que nos recuerda un gozo mayor que vendrá en la eternidad, cuando seamos transformadas y reinemos con Cristo para siempre.

Independientemente de lo que enfrentemos en este tiempo, ya sean dificultades o alegrías, la gran historia de la Biblia determina nuestras expectativas. Explica nuestros anhelos. Da esperanza a nuestras luchas. Y nos muestra la gloria venidera.

Esperanza en Cristo

La gran historia de las Escrituras se centra en Cristo, nuestro Redentor. Cuando las expectativas fallidas golpean con fuerza y las responsabilidades de ser madre nos abruman, necesitamos encontrar esperanza en quién es Cristo para nosotras. Recuerda las siguientes verdades acerca de Cristo. Recítalas en voz alta. Decláralas en oración. Escríbelas y colócalas en lugares donde las veas. Gózate en ellas. Compártelas con otras personas.

- *Se hizo pecado por nosotros.* "Al que no conoció pecado, por nosotros lo hizo pecado, para que nosotros fuésemos hechos justicia de Dios en él" (2 Corintios 5:21).
- *Llevó nuestros pecados.* "Quien llevó él mismo nuestros pecados en su cuerpo sobre el madero, para que nosotros, estando muertos a los pecados, vivamos a la justicia; y por cuya herida fuisteis sanados" (1 Pedro 2:24).
- *Es nuestra justicia.* "Mas por él estáis vosotros en Cristo Jesús, el cual nos ha sido hecho por Dios sabiduría, justificación, santificación y redención" (1 Corintios 1:30).
- *Intercede por nosotros.* "¿Quién es el que condenará? Cristo es el que murió; más aun, el que también resucitó, el que además está a la diestra de Dios, el que también intercede por nosotros" (Romanos 8:34).
- *Es nuestra fortaleza y nuestro sustento.* "Yo soy el pan de vida; el que a mí viene, nunca tendrá hambre; y el que en mí cree, no tendrá sed jamás" (Juan 6:35).
- *Nos prepara para la eternidad.* "Y el mismo Dios de paz os santifique por completo; y todo vuestro ser, espíritu, alma y cuerpo, sea guardado irreprensible para la venida de nuestro Señor Jesucristo" (1 Tesalonicenses 5:23).

Querida amiga, tu vida con tus hijos tendrá alegrías, pero también tendrá sufrimiento. A menudo, tu experiencia como madre no coincide con lo que imaginabas. Tus hijos pasarán dificultades; tú pasarás dificultades. Sin embargo, si bien podrías tener que soportar grandes cargas y desvelos, tienes un Salvador que es mucho más grande. Ve a Jesús y mantén tus ojos fijos en Él. Recuerda la historia de la redención y enumera lo que Dios ha hecho por ti. Recuerda por qué las cosas en la vida no funcionan como deberían, lo que Dios hizo al respecto a través de su Hijo y cuál es la gran esperanza que te da para el futuro cuando restaurará todas las cosas.

Si bien muchas de tus expectativas pueden fallar, siempre puedes esperar grandes cosas de Dios.

Para el corazón de una madre

1. Lee Romanos 8:18-39. ¿Qué puedes esperar de Dios?
2. ¿Luchas a veces con expectativas fallidas como madre? ¿Cómo respondes a ellas? ¿Qué te dice el evangelio cuando te sucede esto?
3. Acude a Dios en oración. Arrepiéntete por tu manera de responder a tus expectativas fallidas. Pon tu mirada en Cristo y en quién es Él para ti.

Una oración por las expectativas fallidas

Y al que puede confirmaros según mi evangelio y la predicación
de Jesucristo, según la revelación del misterio que se ha
mantenido oculto desde tiempos eternos, pero que ha sido
manifestado ahora, y que por las Escrituras de los profetas,
según el mandamiento del Dios eterno, se ha dado a conocer
a todas las gentes para que obedezcan a la fe, al único y sabio
Dios, sea gloria mediante Jesucristo para siempre. Amén
(Romanos 16:25-27).

Amado Padre celestial:

Vengo ante ti abrumada. Frustrada. Incluso triste. Ser madre no es como pensaba. Sí, hay muchas alegrías: aprecio las dulces sonrisas y los tiernos abrazos de mis hijos. Amo cuando se ríen. Me encanta ver la luz que se enciende en sus ojos cuando aprenden algo nuevo. Y amo inmensamente a mis hijos. Sin embargo, al mismo tiempo, me siento contrariada y amargada por las luchas que tienen que enfrentar. Para ser sincera, no creo que sea justo que tengan que lidiar con esas cosas en sus vidas. También me lamento por mis propias luchas y por no ser la madre que pensé que sería.

Lo que necesito es un nuevo recordatorio de quién eres y lo que has hecho. Agarré mi Biblia para animarme y, en lugar de concentrarme en un versículo específico, recordé la gran historia que cuenta: la metahistoria de las Escrituras. Al pensar en cómo creaste todas las cosas y lo perfecto que era todo en el huerto, me di cuenta de por qué tengo este anhelo insatisfecho de que las cosas sean diferentes de lo que son. Recordé lo que sucedió cuando

Adán y Eva pecaron y el efecto que tuvo en toda la creación, hasta en mi propio corazón hoy. La propagación del pecado se ha filtrado en cada grieta y fisura de este mundo. Me recordó por qué mis hijos sufren y por qué yo sufro y por qué mi experiencia como madre no es tan alegre como parece; pero después me acordé de la buena noticia: enviaste a tu Hijo para redimirnos del pecado. Te alabo por tu gracia para mí en Cristo. Te doy gracias por la esperanza de la eternidad y las buenas noticias que vendrán al final de la historia, cuando restaures todas las cosas una vez y para siempre.

Perdóname, Padre, porque a veces las expectativas para mi vida son incorrectas. Perdóname por no comparar mis expectativas con tu Palabra. Perdóname por mi respuesta pecaminosa a esas expectativas. Ayúdame a no albergar amargura ni renunciar a la alegría de ser madre. Ayúdame a no ser escéptica ni a esperar siempre lo peor de la vida. En cambio, ayúdame a esperar en Cristo.

Gracias, Jesús, por todo lo que eres para mí. Gracias porque, aunque la vida no es como esperaba, estás conmigo. Ayúdame a mantener mis ojos fijos en ti.

Que mis expectativas se conformen siempre a tu Palabra.

En el nombre de Jesús. Amén.

5

Impotente, pero no sin esperanza

Que podamos permanecer en ti como una
rama unida al tronco y dar fruto que brote
de ti. Sin ti, nada podemos hacer.

C. H. SPURGEON

El día que nació mi primer hijo, nuestra comunidad acababa de soportar el paso de un huracán de categoría 3. La electricidad se había cortado en todas partes. Como resultado de la tormenta, el hospital había sufrido daños, de modo que las personas convalecientes de una cirugía estaban en la sala de maternidad junto con todas las mujeres, yo incluida, que estábamos de parto. Debido a complicaciones después de haber dado a luz, tuve que quedarme unos días más. Todo era un caos a mi alrededor mientras el personal médico y enfermeras trabajaban horas extras totalmente agotados. No me permitían sentarme en la cama, por lo que tuve que quedarme acostada durante tres días, lo que dificultaba el manejo de un recién nacido.

El sentimiento de impotencia que nació en la sala de aquel hospital me siguió a casa, para nunca apartarse de mi lado.

No sé tú, pero a mí no me gusta sentirme impotente. Me gusta saber qué hacer en cada circunstancia. Me gusta estar capacitada, preparada y lista. Me gusta tener planes para evitar el caos. Me gusta controlar lo inesperado; pero, como aprendí rápidamente, no puedes ser madre y tener todo bajo control.

Mis sentimientos de impotencia continuaron cuando mi hijo mayor y, más tarde, el menor, tuvieron problemas de asma e infecciones crónicas. Estuvieron enfermos la mayor parte de su primera infancia, lo que implicó tratamientos respiratorios a media noche y visitas a especialistas. Finalmente, ambos terminaron sometidos a una cirugía de los senos paranasales. En cada momento de su enfermedad, me sentí impotente.

Cuando tengo que repetir la misma regla o la misma instrucción que he repetido todos los días durante años, y nadie parece entender y haber aprendido, me siento impotente. Cuando mis hijos tienen que lidiar con amigos o un maestro difícil o experimentan las consecuencias naturales de sus decisiones, me siento impotente. Hoy, mientras atravieso las dificultades y los retos de sus años de escuela intermedia y secundaria, me sigo sintiendo impotente. Cada día es un viaje hacia lo desconocido.

Sin embargo, la verdad es que, aunque a menudo me siento impotente como madre, nunca estoy sin esperanza. Nunca. Y tú tampoco.[1]

Impotente, pero nunca sin esperanza

Aunque me resisto a sentirme impotente, así es exactamente como Cristo me ha llamado a ser. No vino para aquellos que tienen todo bajo control, que lo saben todo y que no necesitan ayuda. Vino a rescatar y redimir a quienes son como yo: impotentes.

---

1. Este capítulo está inspirado en una publicación que escribí para Risen Motherhood: ver Christina Fox, "For the Mom Who Feels Helpless", Risen Motherhood, 22 de febrero de 2018, https://www.risenmotherhood.com/blog/for-the-mom-who-feels-helpless.

Porque el Hijo del Hombre vino a buscar y a salvar lo que se había perdido (Lucas 19:10).

Los sanos no tienen necesidad de médico, sino los enfermos. No he venido a llamar a justos, sino a pecadores (Marcos 2:17).

¿No es esa una verdad maravillosa? Dios no espera que tengamos todo bajo control. No espera que sepamos qué hacer en cada situación y que seamos madres que exudan fortaleza y confianza. Él vino para ser esperanza para los impotentes. Si te sientes impotente hoy, esa es la condición exacta en la que debes estar.

Jesucristo vino a rescatarnos de nuestro mayor problema: el pecado que nos separa de Dios. Vino a vivir la vida que no podíamos vivir y a sufrir la muerte que merecíamos por nuestro pecado. Al hacerlo, nos rescató de nuestra esclavitud al pecado. Nos libró de intentar vivir la vida por nuestra cuenta alejadas de Dios. Nos libró de buscar nuestra esperanza fuera de Él. Y ha prometido ser para nosotras lo que nosotras no podemos ser por nosotras mismas. Esta es la verdad a la que debemos aferrarnos: cuando somos débiles, Él es fuerte.

Como la sabiduría encarnada, Cristo sabe exactamente qué hacer en todo momento y en toda circunstancia (ver Colosenses 2:3). Nunca se siente impotente, perdido o confundido. Nunca se siente abrumado por las tormentas y las dificultades de la vida. Nunca es débil o insuficiente. Nunca se sorprende por nada. Reina sobre todas las cosas, incluidas nuestras circunstancias que parecen sin esperanza. Para aquellas de nosotras que nos sentimos impotentes, así es como Cristo quiere que estemos.

En Marcos 4, los discípulos estaban en el mar de Galilea cuando se desató una tormenta. Como pescadores experimentados, estaban acostumbrados a las tormentas en el mar. Sin embargo, esta era tan fuerte y feroz, que pensaron que iban a morir.

Pero se levantó una gran tempestad de viento, y echaba las olas en la barca, de tal manera que ya se anegaba. Y él estaba en la popa, durmiendo sobre un cabezal; y le despertaron, y le dijeron: Maestro, ¿no tienes cuidado que perecemos? Y levantándose, reprendió al viento, y dijo al mar: Calla, enmudece. Y cesó el viento, y se hizo grande bonanza. Y les dijo: ¿Por qué estáis así amedrentados? ¿Cómo no tenéis fe? Entonces temieron con gran temor, y se decían el uno al otro: ¿Quién es este, que aun el viento y el mar le obedecen? (vv. 37-41).

Habían hecho todo lo que sabían hacer en medio de una fuerte tempestad, pero no fue suficiente. Mientras trataban de valerse por sí mismos, Jesús, exhausto por un largo día de enseñanza, dormía en la popa de la barca. Casi puedo escuchar el pánico en las voces de los discípulos cuando gritaron: "¿no tienes cuidado que perecemos?". Sin embargo, Jesús, el Creador y Autoridad del viento y las olas, solo tuvo que decir: "Calla, enmudece" y todo se calmó. La calma no llegó de manera gradual, como lo hacen los mares a medida que pasa una tormenta. Más bien, al igual que el primer día en que Dios habló y el mundo existió, esta tormenta se detuvo instantáneamente ante el sonido de la voz de su Creador.

Los discípulos inmediatamente pasaron de temer a la tormenta a temer al Señor. "Entonces temieron con gran temor, y se decían el uno al otro: ¿Quién es este, que aun el viento y el mar le obedecen?" (v. 41).

Los discípulos se sentían impotentes, pero nunca estuvieron sin esperanza. El mismo Dios que gobierna sobre toda la creación, incluidos el viento y las olas, estaba con ellos en la tormenta. Aunque se sentían impotentes, aunque no sabían qué hacer, Cristo estaba con ellos. Él era su esperanza y ayuda.

Cristo es nuestra esperanza

Casi siempre me olvido de que no estoy sin esperanza. Intento criar a mis hijos en mis propias fuerzas y sabiduría. Investigo, busco en Google y leo todo lo que puedo, y todavía me siento poco preparada para la tarea de ser madre. Surgen problemas y me siento abrumada. Me preocupo y me desespero. Me siento un fracaso. Me preocupo y tengo miedo de que la tarea de ser madre me asfixie.

Como vimos en el capítulo 3, a menudo olvidamos la esperanza que tenemos en Cristo. Cuando trato de afrontar la tarea de ser madre sin Cristo, me olvido de quién es Él y lo que hizo. Cuando trato de controlar mi vida y el caos de la crianza de mis hijos, cuando pongo mi confianza en sistemas, métodos y listas que ayudan al funcionamiento de mi vida, y cuando me agobio y me preocupo ante el pensamiento de que ser madre es demasiado difícil y yo demasiado débil, olvido quién es mi fuente de vida y esperanza.

En todas nuestras situaciones de impotencia, Cristo es nuestra esperanza. Él nos ha redimido de nuestro pecado y nos ha dado su justicia. Por la fe en su vida perfecta, muerte sacrificial y gloriosa resurrección, somos justificadas delante de Dios. Y, como nos recuerda Pablo, si Dios ha dado a su propio Hijo para rescatarnos del pecado, ¿cómo no nos dará también todas las cosas (ver Romanos 8:32)? Si Dios nos ha dado a Cristo, ¿cómo podemos pensar que no nos ayudará en nuestras dificultades y retos diarios? ¿Cómo podemos pensar que dejará que nos ahoguemos en nuestro rol como madres? Al venir a rescatarnos cuando más desamparadas estábamos, cuando nos encontrábamos atrapadas en el pecado y separadas de Dios, Cristo demostró que Él es nuestra esperanza.

Los discípulos gritaron: "¿no tienes cuidado que perecemos?". ¿Alguna vez has tenido ganas de gritar lo mismo? En esos días tan difíciles cuando los niños hacen lo contrario de todo lo que dices; cuando tu esposo está fuera de la ciudad y tú estás sola, cuando te sientes exhausta y agotada, ¿te has preguntado alguna vez si a Dios le importa? El sacrificio de Cristo por nosotros en la cruz es su respuesta: ¡un rotundo sí! Cuando nos sentíamos más impotentes y cuando nos seguimos sintiendo impotentes en cosas más pequeñas todos los días, Cristo es nuestra esperanza. Él gobierna sobre todas las cosas. Conoce todas las cosas. Lleva todas nuestras cargas y escucha cada uno de nuestros clamores. Dispone todas nuestras circunstancias para nuestro bien. Es nuestro consuelo, nuestra paz y nuestro descanso.

Cuando las tormentas de la vida se desatan sobre nosotras, debemos ir a Cristo. Cuando no sabemos qué hacer como madres, debemos ir a Cristo. Cuando estamos abrumadas y débiles y no sabemos qué camino tomar, debemos ir a Cristo. Debemos clamar a Él. Debemos recordar lo que hizo por nosotras mediante su vida perfecta y su muerte sacrificial. Debemos confiar en sus fuerzas, su sabiduría, su poder y su verdad, no en nosotras mismas. Debemos encontrar nuestra paz y consuelo en Él. Debemos recordar que Él gobierna sobre todos los detalles de nuestra experiencia como madres.

Sí, a menudo nos sentimos impotentes, pero en Cristo tenemos todo lo que necesitamos, porque Él está allí en la tormenta con nosotras, gobierna y reina sobre todo y es para nosotras lo que nosotras no podemos ser.

Querida amiga, es posible que a menudo te sientas impotente como madre, pero en Cristo nunca estás sin esperanza.

Para el corazón de una madre

1. Lee Filipenses 3:1-11. Juan Calvino se refiere a la "confianza en la carne" como "todo lo que está fuera de Cristo"[2].

---

2. Juan Calvino, comentario sobre Filipenses 3:3, trad. John Pringle, disponible en línea en "Calvin's Commentaries: Philippians 3", Bible Hub, consultado el 11 de mayo de 2018, http://biblehub.com/commentaries/calvin/philippians/3.htm.

¿De qué maneras has buscado tu confianza en tu carne? ¿Qué pensaba Pablo de sus logros y en qué tenía puesta su confianza?

2. ¿En qué te sientes impotente hoy? ¿A qué verdades del evangelio puedes aferrarte?

3. Ora al Señor y busca su ayuda y su esperanza.

Una oración para las mamás que se sienten impotentes

Porque nosotros somos la circuncisión, los que en espíritu servimos a Dios y nos gloriamos en Cristo Jesús, no teniendo confianza en la carne (Filipenses 3:3).

Amado Padre celestial:

Hoy vengo ante ti porque me siento impotente, insuficiente y agobiada. Ser madre es más difícil de lo que pensaba. Justo cuando creo que sé qué esperar, los niños pasan a una nueva etapa. No sé cómo enfrentar estos retos. No sé cómo ser la mamá que ellos necesitan.

Es muy difícil hacer malabares con todos los detalles de la crianza de mis hijos. Tengo que estar a cargo de todas sus necesidades: físicas, sociales, espirituales, emocionales, evolutivas, académicas y más. Y, para muchas de esas cosas, no estoy preparada. No conozco todas las respuestas. Cada mañana, cuando me despierto, parece como si estuviera en la semana de exámenes finales y no estoy preparada. ¿Qué pasaría si fallo? ¿Qué pasaría si decepciono a mis hijos?

Perdóname por confiar en mi carne. Perdóname por tratar de ser madre en mis propias fuerzas. Perdóname por no acudir a ti en busca de esperanza y ayuda, y por buscar vida fuera de ti. Perdóname por buscar esperanza en cosas y circunstancias. Perdóname por intentar tener el control de todas las cosas.

Mi carne me fallará, pero Cristo nunca lo hará. En lugar de poner mi confianza en la carne, debo encontrar mi esperanza en lo que Cristo ha hecho. Jesús vino a hacer lo que yo no podía hacer. Vino a vivir la vida que yo no podía vivir. Te doy gracias porque me miras a través de Jesús y no ves mis fracasos como madre. No ves lo insuficiente que soy. Ves la suficiencia de Jesús y la vida perfecta que Él vivió para mí.

Tú conoces las tormentas de mi vida. Sabes lo difíciles que han sido estos días. Sabes exactamente lo que necesito, incluso antes que yo misma. Te ruego que seas mi fuerza. Ayúdame a verte como mi esperanza cuando me sienta impotente. Ayúdame a no dejarme atrapar por lo que está pasando en mi vida y con mis hijos, sino a buscarte como mi suficiencia.

Dame gracia en cada momento para glorificarte en las decisiones que tomo, en la forma en que respondo a mis hijos y en la forma en que atravieso situaciones desconocidas con ellos.

En el nombre de Jesús. Amén.

6

El trabajo que pasa desapercibido

*La fe en Aquel que se entregó por nosotros nos
lleva a invertir nuestras energías en su servicio y
a realizar nuestras tareas cotidianas con la vista
puesta en su gloria, y así nuestra fe en el Hijo
de Dios da color y deleite a nuestra vida.*

CHARLES SPURGEON

Hace años, pasé meses trabajando en un manuscrito. Varias amigas dedicaron semanas a ayudarme a editarlo. Y luego lo rechazaron más editoriales de las que hubiera querido. Desde entonces, ha permanecido bien escondido en los archivos de mi computadora y, si fuera posible, acumulando polvo.

Una de las cosas más difíciles de la escritura es cuando lo que escribes no se usa. Cuando paso horas redactando la oración correcta, cuando vuelco mi corazón y mi alma en cada párrafo de una obra que nunca se lee, eso hace que todo el tiempo, el esfuerzo y la energía invertidos parezcan un desperdicio. Es decepcionante y desalentador.

Sin embargo, no solo la escritura es algo donde pongo mi energía y nadie lo ve. Innumerables tareas, que realizo a lo largo del día, pasan desapercibidas para quienes me rodean. La ropa que doblo y guardo. Los artículos que recojo del suelo y los vuelvo a colocar donde corresponden. El tiempo y el esfuerzo que dedico al corazón y al crecimiento espiritual de mis hijos. Mis oraciones de intercesión para que Dios obre en ellos. Decisiones y elecciones que tomo en beneficio de quienes me rodean. El tiempo y esfuerzo que sacrifico para servir y suplir sus necesidades. Cuando no veo el fruto de ese trabajo, a veces desmayo y me pregunto: *¿Vale la pena?*

La experiencia de ser madre está llena de quehaceres repetitivos: cambiar pañales, preparar almuerzos, enseñar y volver a enseñar las mismas lecciones a nuestros hijos. Por no hablar de llevar a nuestros hijos al pediatra, asegurarnos de que tengan ropa y zapatos que les queden bien en su primer día de clases en la escuela y hacer un seguimiento de quién debe ir a dónde y cuándo. Es difícil ordenar un reguero de juguetes y saber que tendremos que volver a hacerlo en unas pocas horas. A menudo es desalentador saber que las conversaciones que tenemos con nuestros hijos sobre la necesidad de ser buenos y compartir con los demás tendrán que repetirse una y otra vez antes que lo asimilen. A veces llegamos al final del día y sentimos que no hemos logrado nada significativo. Hemos trabajado duro, pero ¿qué tenemos para mostrar? En consecuencia, podemos desanimarnos. Quizás nos preguntemos si nuestra familia se da cuenta de todo lo que hacemos por ellos y si dan por descontado nuestro esfuerzo.

Si nuestras familias no notan ni agradecen lo que hacemos, deberían hacerlo. La gratitud es la respuesta adecuada a alguien que trabaja para nosotros. Sin embargo, ya sea que nuestras familias lo noten o no, podemos recordar esta verdad: Dios ve la labor que hacemos por nuestros hijos y nuestra familia. Él nunca pasa por alto nuestro esfuerzo ni los da por descontado. Conoce todas las tareas cotidianas y los quehaceres repetitivos que hemos realizado. Y, cuando lo hacemos para Él, su nombre recibe la gloria.

Todo nuestro trabajo es para su gloria

Fuimos creadas con un propósito: glorificar a Dios y gozar de Él para siempre, como lo declara el Catecismo de Westminster.[1] Esto es lo que estamos llamadas a hacer, en todas las cosas: grandes y pequeñas, importantes y, aparentemente, sin importancia.

Si, pues, coméis o bebéis, o hacéis otra cosa, hacedlo todo para la gloria de Dios (1 Corintios 10:31).

Y todo lo que hacéis, sea de palabra o de hecho, hacedlo todo en el nombre del Señor Jesús, dando gracias a Dios Padre por medio de él (Colosenses 3:17).

Glorificar a Dios significa reflejar o manifestar su gloria. Así como las estrellas del cielo brillan con intensidad y muestran la majestuosa obra de Dios, nuestra obra de obediencia en todo lo que hacemos señala a Aquel que nos creó. Glorificamos a Dios cuando limpiamos nuestra casa con un corazón agradecido por lo que el Señor nos ha suplido. Lo glorificamos cuando preparamos comidas saludables para el cuerpo en crecimiento de nuestros hijos, porque queremos administrar bien lo que Él nos ha dado. Lo glorificamos cuando advertimos a nuestros hijos por décima vez que miren a ambos lados antes de cruzar la calle, porque sabemos lo paciente que Él es con nosotras cuando también somos lentas para aprender. Lo glorificamos cuando somos sinceras con nuestro empleador y cuando sonreímos a la cajera del supermercado.

---

1. Ver el Catecismo Mayor y Menor de Westminster, pregunta y respuesta número 1.

Cuando el deseo de nuestro corazón es hacer lo que honra y agrada a Dios, cuando queremos mostrar quién es Él con nuestra manera de vivir, le damos la gloria.

Toda nuestra labor, ya sea que salgamos de casa por la mañana para ir a trabajar o trabajemos en casa o nos quedemos en el hogar para cuidar a nuestros hijos, es para la gloria y la honra de Dios, no para la nuestra. No lo hacemos para recibir elogios o felicitaciones de nuestro jefe o de nuestros hijos, sino para la gloria de nuestro Salvador. La actitud de nuestro corazón es que puedan conocer a Cristo, no a nosotras. Queremos que se magnifique su nombre en toda la tierra, no nuestro nombre.

Cuando nuestra labor pasa desapercibida, cuando nuestros hijos parecen indiferentes a lo que hacemos por ellos, cuando hacemos las mismas tareas rutinarias una y otra vez y nos preguntamos si a alguien le importa, necesitamos recordar para quién trabajamos. Vivimos para honrar y magnificar a Aquel que nos hizo y nos salvó. A Dios le importa todo nuestro trabajo.

La obra de Cristo por nosotras

Podemos trabajar duro como madres porque Cristo primero trabajó por nosotras. Se nos atribuyó su obra santa, perfecta y justa de obediencia a la ley: "Mas por él estáis vosotros en Cristo Jesús, el cual nos ha sido hecho por Dios sabiduría, justificación, santificación y redención" (1 Corintios 1:30). Su obra sacrificial por nosotras en la cruz pagó la pena que nos correspondía pagar: "Al que no conoció pecado, por nosotros [Dios] lo hizo pecado, para que nosotros fuésemos hechos justicia de Dios en él" (2 Corintios 5:21). Incluso ahora, Él trabaja por nosotras ante el trono e intercede por nuestra vida (ver Romanos 8:34).

La obra de Jesús reforma nuestra propia obra y la santifica. Su obra allana el camino para todas las labores que realizamos: las que se ven y las que no se ven, las sencillas y las espectaculares, las aburridas y las interesantes, las fáciles y las difíciles. Debido a la obra que Cristo hizo por nosotras, todas nuestras labores son a través de Él y para Él. Debido a que estamos unidas a Él por la fe, Dios mira todos nuestros esfuerzos y todas nuestras labores y no ve nuestros fracasos, errores, faltas y pecados, sino que ve la obra perfecta de Jesús por nosotras. Cuando nos distrae el caos de ser madres y llegamos al final del día con la ropa aún sin doblar, la obra de Jesús cubre nuestras debilidades humanas. Cuando nos enojamos con uno de nuestros hijos y alzamos la voz con ira, la obra de Jesús cubre nuestro pecado. Cuando nos aburrimos y no estamos contentas con la vida, la obra de Jesús también cubre eso. Su obra también cubre a nuestras familias cuando pasan por alto nuestros esfuerzos o dan por descontado nuestro trabajo o no muestran estar agradecidos.

En su gracia, Jesús nos dejó su Espíritu que trabaja en nosotras, incluso ahora, y nos ayuda en nuestras labores.

> Porque la gracia de Dios se ha manifestado para salvación a todos los hombres, enseñándonos que, renunciando a la impiedad y a los deseos mundanos, vivamos en este siglo sobria, justa y piadosamente, aguardando la esperanza bienaventurada y la manifestación gloriosa de nuestro gran Dios y Salvador Jesucristo, quien se dio a sí mismo por nosotros para redimirnos de toda iniquidad y purificar para sí un pueblo propio, celoso de buenas obras (Tito 2:11-14).

¡Cuán asombrosa es la gracia de Dios para nosotras en Cristo! Dios no solo nos salva por gracia, sino que también nos capacita a través del Espíritu y por su gracia. Nos enseña cómo vivir y trabajar para Él en este mundo. Considera lo que significa esto para nuestra experiencia como madres: la gracia de Dios nos capacita para dejar nuestros deseos pecaminosos y nuestro comportamiento impío y nos ayuda a ser madres prudentes, justas y piadosas. Nos transforma en mamás celosas de hacer lo correcto y lo bueno. Que podamos regocijarnos en la obra que Cristo ha hecho por nosotras y maravillarnos de la obra que está haciendo en nosotras, *en* este mismo momento, por su Espíritu.

Nuestra labor nunca es en vano

Cuando nos desanimamos por las labores que hacemos como madres y nos preguntamos si nuestros esfuerzos son en vano, debemos recordar que todas las cosas que hacemos para la gloria de Dios y la honra de su nombre nunca son en vano. Esto incluye la ropa que doblamos, las comidas que preparamos y todos los actos de servicio silenciosos y rutinarios que brindamos a nuestras familias. Incluye nuestros esfuerzos por hacer lo correcto cuando sería más fácil no hacerlo. Incluye trabajar duro incluso cuando nadie lo nota. Incluye las oraciones que hacemos sin cesar con nuestro corazón postrado. E incluye también la serie de palabras que permanecen inactivas en mi disco duro. Todo el trabajo que hacemos por amor a Dios es una buena obra, ya sea que alguien la vea o no.

Dios promete que nuestro trabajo para Él dará frutos.

Porque el que siembra para su carne, de la carne segará corrupción; mas el que siembra para el Espíritu, del Espíritu segará vida eterna. No nos cansemos, pues, de hacer bien; porque a su tiempo segaremos, si no desmayamos. Así que, según tengamos oportunidad, hagamos bien a todos, y mayormente a los de la familia de la fe (Gálatas 6:8-10).

Veremos el fruto de algunas de nuestras obras en el presente, pero es posible que no veamos el fruto de alguna de ellas hasta que pasen los años. Tal vez no veamos a nuestros hijos comportarse en la mesa con buenos modales cómo les hemos enseñado hasta que sean mucho más grandes. Quizás nunca veamos sus actos de bondad hacia otros niños en el patio de recreo. Es posible que no veamos el fruto de nuestras oraciones para que el Espíritu Santo obre en su corazón hasta que pasen décadas. Sin embargo, un día, en la eternidad, veremos todo el árbol, repleto y cargado de frutos. Veremos cómo Dios usó toda nuestra labor para su gloria.

También estamos seguras de que la obra que Él está haciendo en y a través de nosotras quedará completamente terminada cuando Cristo vuelva: "estando persuadido de esto, que el que comenzó en vosotros la buena obra, la perfeccionará hasta el día de Jesucristo" (Filipenses 1:6). Nuestra labor es imperfecta y, a menudo, cometemos errores. A veces podemos preguntarnos si Dios está haciendo algo en nuestra vida. Sin embargo, Dios siempre termina lo que comienza. Él terminará su obra en nosotras y nos hará más semejantes a Cristo. Cuando nuestro Señor Jesucristo vuelva, veremos el producto terminado y el resultado de todos nuestros esfuerzos para servirlo y glorificarlo en este mundo.

Amiga, no te rindas en ninguna de las cosas que haces para el Señor. No te desesperes. Toda la labor que haces para la gloria de Dios es almacenar para ti tesoros eternos que superan con creces cualquier elogio o reconocimiento que puedas recibir en el presente. Nada de eso es en vano ni se desperdicia. Tu Padre celestial ve tu callada fidelidad en todas las cosas, incluso en las invisibles, las monótonas y rutinarias. Permite que la obra santa y sacrificial de tu Salvador por ti sea la motivación y el gozo de tu servicio.

Para el corazón de una madre

1. Lee Filipenses 2:12-18. ¿Quién te ayuda a hacer el trabajo que Dios te ha llamado a hacer?
2. ¿Cómo puedes glorificar a Dios en tus labores rutinarias como madre? ¿En la instrucción? ¿En la disciplina?
3. Gózate en oración hoy porque el Espíritu está obrando en ti y esa obra continuará hasta que quede completamente terminada el día que Cristo Jesús vuelva.

Una oración para la labor de ser madre

Así que, hermanos míos amados, estad firmes y constantes, creciendo en la obra del Señor siempre, sabiendo que vuestro trabajo en el Señor no es en vano (1 Corintios 15:58).

Amado Padre celestial:

Vengo a ti, en oración, exhausta por mis labores. Ni siquiera sé si he logrado algo. Sé que atendí las necesidades de mis hijos. Sé que trabajé para mi familia. Sé que taché algunas cosas de mi lista de tareas pendientes, pero luego también se sumaron otras cosas más. Sin embargo, hay días que las cosas que hago para mis hijos y mi familia parecen muy monótonas. Repito las mismas instrucciones una y otra vez. Intervengo en las mismas peleas. Hago la misma tarea que sé que tendré que volver a hacer antes que termine el día. Es difícil pensar que este trabajo importa, que mis esfuerzos sirven para algo.

Sin embargo, luego recuerdo que tú ves todas las cosas. Sabes todas las cosas. Ves y conoces todas mis labores, grandes y pequeñas. Perdóname por olvidar eso. Perdóname por vivir como si trabajara para los elogios y el reconocimiento de los demás, en lugar de hacerlo para ti y tu gloria. Perdóname por querer que se fijen en mí en lugar de gozarme de que el Creador del universo me conoce y me ve.

Gracias por la obra que Jesús hizo por mí. Gracias porque toda su obra redime mi obra y la santifica. Gracias porque cuando me miras ves la vida perfecta de Jesús. Gracias por la obra del Espíritu Santo en mí, que me hace más semejante a Cristo.

Ayúdame cada día mientras crío, enseño, discipulo y cuido las almas eternas que me has dado. Ayúdame en este duro trabajo. Ayúdame a trabajar para tu gloria y honra. Ayúdame a reflejarte en mis labores para mis hijos y los que me ven. Ayúdame a no desanimarme ni rendirme en mis labores. Oro para que uses mi trabajo para dar fruto abundante para tu reino.

Fortaléceme y susténtame con tu gracia.

En el nombre de Jesús. Amén.

7

Aun en nuestros
temores y preocupaciones

*¡Oh, cómo debe amar Dios a esa criatura que ha llevado
durante tanto tiempo en el útero de su propósito eterno!*
William Gurnall

Un día, mi hijo entró en la cocina y abrió el refrigerador en busca
de algo para comer. Me acerqué y le di un abrazo.

—Te quiero. ¿Lo sabes?

—Sí, mamá.

—¿Cómo lo sabes?

—Porque te preocupas por mí —me respondió.

De todas las respuestas que un niño podría dar a tal pregunta,
esa me sorprendió. Esperaba algo como "Porque siempre estás
pendiente de mis necesidades" o "Porque siempre cuidas de mí",
o incluso "Porque me lo dices todos los días".

¿Qué le hizo responder de esa manera? ¿Fue porque insistí en
que se llevara una sudadera en su último viaje de campamento
Scout por si hacía frío? ¿O porque le hago mil preguntas cada vez
que tiene tos para saber si es asma? O tal vez fue porque le recuerdo

que beba mucha agua cuando corre afuera. ¿O quizás porque lo envío al baño con su hermano en los baños públicos? Tal vez sea que mi hijo nota la preocupación en mi rostro cuando me dice que no se encuentra bien. Podría ser mi manera de responder cuando tiene dificultades en la escuela, en los deportes o con sus amistades. O puede que se dé cuenta por mi tono de voz cuando hablamos de su futuro.

Para él, mi preocupación es una demostración de amor. Y, en muchos sentidos, lo es. Sin embargo, el hecho de que mi preocupación refleje algo bueno —mi amor por él— no significa que sea algo bueno en sí misma.

Las preocupaciones de las mamás

Las mamás se preocupan; es cierto. Nos preocupamos por cosas grandes y pequeñas. Nos preocupamos por la salud, el desarrollo, las amistades, la educación y el futuro de nuestros hijos. Nos preocupamos por saber si están aprendiendo en la escuela todo lo que deberían aprender y si es seguro que trepen a un árbol muy alto. Nos preocupamos por los extraños mientras juegan en el parque y por los niños acosadores mientras están en la escuela. Incluso nos preocupa que nunca se comporten como adultos y tengan que vivir en el sótano de nuestra casa por el resto de sus vidas; después de todo, ¡si no pueden recordar cepillarse los dientes cada mañana, ¿cómo van a vivir solos?!

Todas estas preocupaciones indican asuntos de especial interés. Como mamás, tenemos la responsabilidad de criar y cuidar a nuestros hijos. Debemos enseñarles ciertas cosas, protegerlos de todos los daños y proporcionarles lo que necesitan. Tenemos que cumplir responsabilidades y deberes específicos con nuestros hijos.

Sin embargo, a veces esos asuntos de especial interés se convierten en preocupaciones que nos obsesionan y contaminan nuestra mente y nuestro corazón. Nos desvelan durante toda la noche y nos atormentan durante todo el día. Tal preocupación nos hace pensar en el futuro y anticipar todas las cosas que "podrían" suceder. "¿Y si...?" es una pregunta constante que viene a nuestra mente una y otra vez. Anticipamos lo peor: "¿Y si pasa _____?". Consideramos todos los escenarios y situaciones posibles e incluso elaboramos estrategias para prevenir lo que sea que tememos que pueda suceder.

Estas preocupaciones nos hacen pensar que no somos suficientes ni hemos hecho lo suficiente. ¿Qué pasa si no estamos haciendo todo lo que debemos hacer como madres? ¿Qué pasa si hemos pasado por alto algo o nos hemos olvidado de hacer algo importante? ¿Qué pasa si nuestros hijos quedan mal y es culpa nuestra? La preocupación nos hace comparar a nosotras mismas y a nuestros hijos con los demás; nos hace buscar de qué manera no llegamos a la altura de los demás cuando nos comparamos.

La preocupación nos dice que debemos hacer más. Nos hace pensar que hay algo muy importante que no sabemos y, entonces, nos desvelamos mientras tratamos de averiguar qué puede ser. Hacemos listas. No podemos descansar hasta haber tachado todas las cosas de la lista. Investigamos, tramamos y planificamos, hasta el punto en que estamos más preparadas que cualquier niño explorador o *scout*.

¿Eres una mamá que se preocupa? No eres la única. Todas tenemos miedos. La verdad es que vivimos en un mundo caído donde suceden cosas malas. Desde que Adán y Eva cayeron en pecado, el mundo entero ha quedado infectado. El efecto del pecado alcanza a todas las personas; nadie es inmune. Somos personas pecadoras que pecan unas contra otras. La gente peca contra nosotras. La creación misma está rota por los efectos de la caída: hambre, enfermedades, desastres naturales y más. Nada funciona como debería. Todo se echa a perder y se corrompe. Vemos evidencia de la caída en las noticias todo el tiempo. No es sorprendente que nos preocupemos por nuestra vida y la vida de los que amamos.

El problema con la preocupación es que mantiene nuestros ojos fijos en lo que está sucediendo frente a nosotras (o incluso en lo que pensamos que *podría* suceder) y no en Aquel que gobierna sobre todas las cosas. Y, en el fondo, la preocupación nos roba el gozo y la paz que tenemos en Cristo.

No te preocupes

Es probable que conozcamos la advertencia de Jesús sobre la preocupación.

Por tanto os digo: No os afanéis por vuestra vida, qué habéis de comer o qué habéis de beber; ni por vuestro cuerpo, qué habéis de vestir. ¿No es la vida más que el alimento, y el cuerpo más que el vestido? Mirad las aves del cielo, que no siembran, ni siegan, ni recogen en graneros; y vuestro Padre celestial las alimenta. ¿No valéis vosotros mucho más que ellas? ¿Y quién de vosotros podrá, por mucho que se afane, añadir a su estatura un codo? Y por el vestido, ¿por qué os afanáis? Considerad los lirios del campo, cómo crecen: no trabajan ni hilan; pero os digo, que ni aun Salomón con toda su gloria se vistió así como uno de ellos. Y si la hierba del campo que hoy es, y mañana se echa en el horno, Dios la viste así, ¿no hará mucho más a vosotros, hombres de poca fe? No os afanéis, pues, diciendo: ¿Qué comeremos, o qué beberemos, o qué vestiremos? Porque los gentiles buscan todas estas cosas; pero vuestro Padre celestial sabe que tenéis necesidad de todas estas cosas. Mas buscad primeramente el reino de Dios y su justicia, y todas estas cosas os serán añadidas. Así que, no os afanéis por el día de mañana, porque el día de mañana traerá su afán. Basta a cada día su propio mal (Mateo 6:25-34).

La palabra griega que se traduce en este pasaje como "afán" (o, en otras traducciones, como "preocupación") es *merimnáo*.[1] Se usa para indicar algo que divide, separa o distrae. Significa tener una mente dividida que no funciona como un todo unido. La preocupación nos distrae y nos aleja de lo importante. No podemos centrar nuestra atención en lo que tenemos que hacer, porque nuestra mente está absorbida por todo lo que tememos que puede llegar a suceder. Por eso nos desvelamos por la noche y nos quedamos hasta tarde pensando en nuestras listas de tareas pendientes y las preguntas de "qué pasaría si". Nuestra mente está distraída y dividida. Y la preocupación de la que habla este pasaje no es una preocupación pasajera; más bien, es un hábito crónico, uno que nos gobierna.

Solía leer este pasaje como una misión imposible, una expectativa poco realista. ¿Cómo podría alguien no preocuparse cuando su hijo está enfermo o tiene dificultades en la escuela o tiene problemas para hacer amigos? Parece inhumano no preocuparnos por nuestros hijos y su futuro, ¿no es cierto?

Entonces me di cuenta de que esta no es una orden que nos da un Gobernante-Rey distante, que no sabe cómo es la vida en la tierra. Esta advertencia tampoco es como la canción de la década de los 80, "*Don´t worry, be happy*" [No te preocupes, sé feliz]. Este consejo parece trillado y absurdo. Después de todo, la preocupación no es algo que puedes apagar en tu mente y hacer clic en el interruptor de "ser feliz". Afortunadamente, Jesús no nos está pidiendo que hagamos lo imposible. Más bien, este pasaje es un llamamiento de Aquel que conoce el fin desde el principio, que nos creó y nos sostiene, que tiene el mundo en sus manos, y que nos ama y se preocupa por todas nuestras necesidades.

Cuando Jesús dice que no nos preocupemos, quiere que recor-

---

1. Ver James Strong, *The New Strong's Expanded Exhaustive Concordance of the Bible* (Nashville: Thomas Nelson, 2010), número de Strong 3309. Edición en español, *Nueva Concordancia Strong Exhaustiva*, publicada por Editorial Caribe, 2003.

demos quién es Dios y quiénes somos nosotras. Este pasaje es un recordatorio de que Dios es quien nos da la vida. Él es nuestro Dios Creador. Jesús nos amonesta a mirar las aves del cielo y las flores del campo para ver cómo Dios se preocupa por toda su creación. Sin embargo, somos más que animales. Somos portadoras de la imagen de nuestro Dios trino. Somos sus vicegobernadoras en esta tierra. Si Él cuida de las flores y las aves, ¿cuánto más cuidará de nosotras?

Al considerar la amonestación de Jesús en Mateo 6, debemos recordar a nuestro compasivo Salvador.

Nuestro Salvador compasivo

Jesús, la segunda persona de la Trinidad, dejó la sala del trono en el cielo y se hizo hombre. Llegó a ser como nosotros en todos los sentidos y, sin embargo, no tuvo pecado. Experimentó pobreza, hambre, miedos, dolores, tentaciones y fragilidades humanas. Él sabe que este mundo está devastado por el pecado y que hay peligros reales aquí. Conoce de primera mano el mal que impera en este mundo. Sabe de lo que la gente es capaz de hacer. Sabe lo que es ser humano.

Y, aunque Jesús es completamente humano, también es completamente Dios. Vino a experimentar todas las cosas que nosotros experimentamos y, sin embargo, a llevar una vida perfecta. El libro de Hebreos dice lo siguiente acerca de Jesucristo:

> Por lo cual debía ser en todo semejante a sus hermanos, para venir a ser misericordioso y fiel sumo sacerdote en lo que a Dios se refiere, para expiar los pecados del pueblo. Pues en cuanto él mismo padeció siendo tentado, es poderoso para socorrer a los que son tentados (Hebreos 2:17-18).

Jesús es nuestro Gran Sumo Sacerdote que va al Padre e intercede por nosotras. Por la fe en Él, recibimos la vida perfecta, la muerte sacrificial y la resurrección victoriosa de Jesús. Dios nos mira y no ve nuestro pecado, sino la justicia de Jesús. No solo eso, sino que se nos acredita todas las veces que Jesús confió y descansó en el Padre. Se nos atribuyen todas las veces que no se preocupó frente a circunstancias inquietantes o pavorosas. La perfecta confianza de Jesús en Dios es nuestra perfecta confianza.

Sin embargo, eso no es todo. Debido a que somos redimidas por la sangre de Cristo, hemos sido adoptadas en la casa de Dios. Llamamos, a nuestro Creador, *Abba*. Este es un nombre cercano y cariñoso para un padre, como el nombre *Papito*. Si bien nuestra justificación es un proceso legal a través del cual nos reconciliamos con Dios, nuestra adopción tiene que ver con nuestra relación con Dios. Ahora somos sus hijas y herederas de sus promesas. Ahora que Dios es nuestro Padre, podemos confiar en que Él suplirá nuestras necesidades. Como dice el pasaje: "vuestro Padre celestial sabe que tenéis necesidad de todas estas cosas" (Mateo 6:32).

La paz de Dios

¿Cómo se relaciona esto con las preocupaciones de las madres? Podrías pensar que este pasaje solo se refiere a la comida y la ropa, pero Martyn Lloyd-Jones señala: "No se aplica solo a ciertos aspectos de nuestra vida; abarca toda la vida, nuestra salud, nuestras fuerzas, nuestro éxito, lo que nos va a suceder; todo lo que compone nuestra vida en todos los sentidos. Asimismo, toma el cuerpo en sentido general, y nos comunica que no debemos estar ansiosos por nuestra ropa o por cualquiera de estas cosas que son parte integral de nuestra vida terrenal".[2] Debemos confiar todos los afanes de la vida —todas las cosas que llenan nuestra

---

2. D. Martyn Lloyd-Jones, *Studies in the Sermon on the Mount* (1959; repr., Grand Rapids: Eerdmans Publishing, 1976), 383. Edición en español: *El Sermón del Monte*, publicada por El Estandarte de la Verdad, 1991.

mente de preocupación— en las manos de nuestro Padre que está en los cielos.

¿Significa esto que, cuando confiamos nuestros cuidados en las manos de Dios, las cosas que nos preocupan nunca sucederán? No, no significa eso, sino que Dios nos llama a confiar nuestra vida y la vida de nuestros hijos a su cuidado. Nos llama a confiar en que, aun cuando nuestros hijos se enfermen, tengan dificultades o les cueste hacer amigos, Dios es bueno y sabe lo que es bueno para nuestra vida. Si bien nosotras y nuestros hijos enfrentaremos dificultades en la vida, Dios gobierna y reina sobre cada circunstancia. Podemos poner nuestra esperanza en la promesa de que nada ni nadie podrá separarnos del amor de Dios en Cristo Jesús (ver Romanos 8:38-39).

Querida amiga, Jesús no quiere que tu mente esté dividida por las preocupaciones. No quiere que te atormenten todos los "qué pasaría si" de la vida. Él quiere que pongas tu mente y tu corazón en su reino: "Mas buscad primeramente el reino de Dios y su justicia, y todas estas cosas os serán añadidas" (Mateo 6:33). Él sale a tu encuentro con su gracia suficiente en el lugar exacto donde tú estás, no en algún lugar lejano del tipo "qué pasaría si", sino en el aquí y ahora. Allí se encuentra contigo con la verdad de quién es y lo que hizo. Quiere que recuerdes que tienes un Salvador compasivo que conoce las preocupaciones y los temores de la vida en un mundo caído, tanto que vino a vivir y morir por ti.

¿Qué debemos hacer cuando la preocupación golpea nuestro corazón? El apóstol Pablo hizo eco del sermón de Jesús en Mateo 6 cuando escribió:

Regocijaos en el Señor siempre. Otra vez digo: ¡Regocijaos! Vuestra gentileza sea conocida de todos los hombres. El Señor está cerca. Por nada estéis afanosos, sino sean conocidas vuestras peticiones delante de Dios en toda oración y ruego, con acción de gracias. Y la paz de Dios, que sobrepasa todo entendimiento, guardará vuestros corazones y vuestros pensamientos en Cristo Jesús (Filipenses 4:4-7).

Presenta tus preocupaciones a tu Padre en oración, envueltas en acción de gracias. Ven a Él con regocijo por quién es y lo que hizo. Pídele que te ayude y te dé esperanza en tus preocupaciones. Busca a Aquel que sabe todas las cosas, que conoce el clamor de tu corazón incluso antes que se lo expreses. Háblale de tus cargas, porque Él tiene cuidado de ti.

Pablo dice que entonces Dios nos dará paz. ¿Cuál es esa paz? Matthew Henry escribió: "La paz de Dios, es decir, el cómodo sentimiento de nuestra reconciliación con Dios y el interés en su favor, y la esperanza de la dicha celestial y el disfrute de Dios en el más allá, que sobrepasa todo entendimiento, es un gran bien a valorar o expresar debidamente... Esta paz mantendrá nuestros corazones y nuestras mentes en Cristo Jesús; nos impedirá pecar bajo nuestras aflicciones y hundirnos bajo su peso, nos dará calma y sosiego, sin el desconcierto de la pasión, y con satisfacción interior".[3]

Esta paz de Dios es lo que más necesita nuestro corazón preocupado. Es la paz que la preocupación nos roba. Amiga mía, busquemos hoy esa paz.

Para el corazón de una madre

1. Lee Filipenses 4:8-9. En lugar de concentrarnos en las cosas que nos preocupan, ¿en qué debemos concentrar nuestros pensamientos?
2. ¿Qué te preocupa hoy? ¿Qué dice el evangelio a tus preocupaciones?

---

3. Matthew Henry, *Matthew Henry's Commentary on the Whole Bible* (Peabody, MA: Hendrickson Publishers, 1991), 2328. Edición en español *Comentario bíblico Matthew Henry: Obra completa sin abreviar,* publicada por Editorial Clie, 1999.

3. ¿Cómo cambiarías como madre si tu mente estuviera menos dividida por las preocupaciones? ¿Alguna vez tu preocupación te ha privado de tiempo con tus hijos?

4. Ve a Dios en oración. Agradécele por quién es y lo que hizo. Entrégale tus desvelos y preocupaciones.

Una oración para el corazón de una madre preocupada

Depositen en él toda ansiedad, porque él
cuida de ustedes (1 Peter 5:7, NVI).

Amado Padre celestial:

Vengo a ti hoy con el corazón lleno de preocupaciones. Me preocupo por mis hijos. Me preocupa su futuro. Me preocupa que les ocurra algún daño. Me preocupa fallarles como mamá. ¡Me preocupo por tantas cosas! Mis preocupaciones me atormentan. Me desvelan por la noche y llenan mis pensamientos todo el día.

Por eso vengo a ti hoy porque tú eres mi Hacedor y mi Creador. Conoces mi cuerpo, mis debilidades y mis flaquezas. Conoces mis pensamientos internos. Conoces mis pecados. Sabes cuando un gorrión cae a tierra y tienes los cabellos de mi cabeza contados. Sabes todas las cosas y gobiernas sobre todas las cosas también. Eres el Rey de reyes, el Ssoberano del universo. Tú eres antes de todas las cosas, y todas las cosas en ti subsisten.

Sin embargo, no eres un rey distante; eres mi *Abba*: mi Padre. A través de Cristo, he sido adoptada en tu familia. Tengo el privilegio de venir a ti y que me escuches. Porque eres mi Padre, no quieres que me preocupe. Sé que tal preocupación es pecaminosa porque distrae mi corazón y lo aleja de ti. Perdóname por preocuparme. Perdóname por pensar en mis preocupaciones en lugar de buscarte a ti. Perdóname porque siempre trato de tener el control de las cosas que me preocupan. Perdóname por intentar encontrar la paz en cualquier cosa que no seas tú.

Sé que me amas tanto como a tu Hijo, Jesús. Ayúdame a recordarlo y a pensar en eso. Ayúdame a ver cuánto me amas y cuidas de mí, tanto que me diste a tu Hijo. Ayúdame a ver realmente de cuántas formas me amas y cuidas de mí y de mi familia. Ayúdame a alegrarme por eso y darte las gracias.

Escucha mi oración hoy y todas las preocupaciones que hay en mi corazón. Las encomiendo en tus manos con la certeza de que harás lo mejor para mí, porque eres un Padre bueno. Toma mis preocupaciones y, a cambio, dame tu paz.

En el nombre de Jesús. Amén.

8

Misericordia nueva para un nuevo día

*La misericordia y la gracia de Dios fluyen directamente de
su corazón y manan de un manantial inagotable, directo
y natural... ¿Qué corazón culpable, pero quebrantado,
no se animaría a acercarse a semejante Dios?*

THOMAS GOODWIN

"¡Basta! ¡Ya es suficiente! ¡Ni una vez más o _____!".

¿Alguna vez has dicho algo así? Tus hijos siguen haciendo lo
que les dijiste que dejaran de hacer, y respondiste con una expresión como la anterior. (Completa el espacio en blanco con el castigo que amenazaste imponer).

Me ha sucedido infinidad de veces. Ya sea por la frustración ante la rabieta de mi hijo pequeño en el supermercado o por el hastío de tener que debatir con mi hijo adolescente sobre el hecho de si mis reglas eran justas o no, he estado tensa y a punto de estallar. En momentos de frustración y enojo, he llegado demasiado lejos.

Y luego ese sentimiento me golpea profundamente en la boca del estómago cuando me doy cuenta de lo que he hecho. Dije algo duro y lastimé a mis hijos. O los humillé con una sucesión de palabras sarcásticas. O reaccioné de forma exagerada y les suprimí un privilegio durante los próximos seis meses porque estaba tan enojada que no podía pensar con claridad. Ojalá tuviera el poder de pausar el tiempo y retrocederlo a unos momentos antes de haber dicho lo que dije. ¡Si tan solo pudiera borrar el pasado para que nunca hubiera sucedido!

Este deseo lo comparten todas las mamás del mundo. ¿Por qué? Porque todas hemos respondido con ira a nuestros hijos en algún momento. Quizás los herimos en lo más profundo con nuestro sarcasmo. Quizás fuimos duras en nuestra disciplina. Puede que hayamos reaccionado de forma exagerada al comportamiento infantil de nuestros hijos o hayamos esperado más de lo que eran capaces de hacer desde el punto de vista del desarrollo, y luego, cuando fallaron, reaccionamos de manera insensible.

Seguramente tengamos una razón. Quizás estábamos cansadas o no nos encontrábamos bien. Tal vez nuestros hijos fueron más desafiantes ese día. Tal vez nos provocaron demasiadas veces. Independientemente de las circunstancias, pecamos en nuestra manera de responder. Nos damos cuenta de que nuestra reacción fue infantil y que manejamos mal una situación. Ahora sentimos el peso de la culpa que nos oprime.

En nuestro arrepentimiento y sentimiento de culpa, el evangelio tiene algo que decirnos.

Dios está obrando

Ese sentimiento de culpa —cuando nos sentimos mal por cómo hemos tratado a nuestros hijos— significa que el Espíritu está inquietando nuestra conciencia y nos está convenciendo de pecado. Significa que Dios está obrando en nosotras y nos está santificando por su gracia.

Cuando llegamos a la fe en Cristo, Él nos lava de nuestros

pecados y nos renueva. Dios nos mira y ve la justicia de Cristo, no nuestros pecados. Sin embargo, eso no significa que de repente seremos incapaces de pecar. No significa que seremos perfectas instantáneamente y haremos solo lo bueno y correcto. Si bien Cristo destruyó el poder del pecado para que ya no seamos esclavas de este (ver Romanos 6:6), la presencia del pecado aún permanece. Todavía tenemos que dar muerte al pecado todos los días de nuestra vida, hasta que muramos o Cristo regrese. Pablo se refirió a esto como "[deshacerse] de [la] vieja naturaleza" en su carta a los efesios:

> Deshágense de su vieja naturaleza pecaminosa y de su antigua manera de vivir, que está corrompida por la sensualidad y el engaño. En cambio, dejen que el Espíritu les renueve los pensamientos y las actitudes. Pónganse la nueva naturaleza, creada para ser a la semejanza de Dios, quien es verdaderamente justo y santo (Efesios 4:22-24, NTV).

El proceso de deshacerse del pecado (o, como lo llamaban los puritanos· "mortificar el pecado") es lento y tedioso. Se parece más a un maratón que a una carrera. Damos pasos hacia adelante y hacia atrás. Tropezamos, caemos y volvemos a levantarnos. No es fácil y, muchas veces, es francamente difícil. Sin embargo, es un proceso bueno y necesario, porque así es como Dios nos transforma a la semejanza de su Hijo. Así es como Él nos santifica: nos hace santas.

Sentir el peso de nuestro pecado como madres es bueno, porque significa que Dios está haciendo una buena obra en nosotras. Nos está mostrando nuestro pecado para que podamos arrepentirnos de él, aprender de él y ser transformadas por su gracia.

Los sentimientos de culpa nos recuerdan que existe una barrera entre nosotras y Dios. Nuestro pecado nos ha atraído a la oscuridad y necesitamos regresar a la luz de la presencia de Dios. El salmista sintió el peso de su pecado en el Salmo 32 cuando escribió:

"Mientras callé, se envejecieron mis huesos en mi gemir todo el día. Porque de día y de noche se agravó sobre mí tu mano; se volvió mi verdor en sequedades de verano" (vv. 3-4). En el Salmo 51, el salmista comparó la dolorosa culpa de su pecado con la de los huesos abatidos (ver v. 8). En ambos salmos, acudió a Dios arrepentido.

La iglesia de Corinto también conocía el peso del pecado sobre sus vidas. El apóstol Pablo escribió una carta para reprender a la congregación de Corinto por problemas que incluían inmoralidad sexual, conflictos interpersonales y confusión teológica sobre varios asuntos. Fue una carta severa, que los llamaba a apartarse de su comportamiento inmoral y a reflejar y glorificar a Cristo. Pablo envió a Tito a entregar la carta y esperó ansiosamente la respuesta de los corintios. Cuando Tito regresó, informó que la carta de Pablo les había dolido mucho. Había alumbrado los rincones más oscuros de sus corazones y había sido doloroso. Habían respondido a su carta con tristeza.

En una segunda carta, Pablo se refirió a la tristeza que sentían por su pecado como la "la clase de tristeza que Dios quiere que su pueblo tenga".

No lamento haberles enviado esa carta tan severa, aunque al principio sí me lamenté porque sé que les causó dolor durante un tiempo. Ahora me alegro de haberla enviado, no porque los haya lastimado, sino porque el dolor hizo que se arrepintieran y cambiaran su conducta. Fue la clase de tristeza que Dios quiere que su pueblo tenga, de modo que no les hicimos daño de ninguna manera (2 Corintios 7:8-9, NTV).

Su dolor por el pecado los llevó al arrepentimiento.

Y allí es donde nuestra propia culpa por el pecado debería llevarnos también.

Arrepentimiento por el pecado

Cuando nos hemos enojado y no hemos sido amables con nuestros hijos, cuando hemos sido duras e injustas con ellos, cuando hemos esperado demasiado de ellos, debemos arrepentirnos, tanto con el Señor como con nuestros hijos.

Primero, nos arrepentimos ante el Señor porque es contra Él que hemos pecado. Todo pecado es contra nuestro Dios santo y justo, primero y ante todo. Dios es nuestro Hacedor y Creador; Él es el Rey Soberano sobre todas las cosas. Cuando pecamos, pecamos contra Él y debemos confesar ese pecado.

Debemos clamar al Señor en oración, confesarle lo que hemos hecho y luego pedirle perdón. No es que necesite que le informemos sobre nuestro pecado; Él sabe todas las cosas. Más bien, cuando nos arrepentimos del pecado, reconocemos y decimos la verdad. Como dice Salmos 32:5: "Mi pecado te declaré, y no encubrí mi iniquidad. Dije: Confesaré mis transgresiones a Jehová; y tú perdonaste la maldad de mi pecado". El apóstol Juan escribió: "Si confesamos nuestros pecados, él es fiel y justo para perdonar nuestros pecados, y limpiarnos de toda maldad" (1 Juan 1:9). ¡Qué gracia maravillosa!

En la famosa lista que clavó en la puerta de la iglesia de Wittenberg, Martín Lutero señaló que la vida cristiana es una vida de arrepentimiento. Todos los días debemos ir a Dios y confesar nuestros pecados en respuesta a lo que Cristo hizo por nosotros en la cruz. Confiamos en que la justicia de Cristo cubre nuestra pecaminosidad. Le pedimos a Dios que acepte el sacrificio de Cristo por nosotros.

El arrepentimiento no solo implica confesión; también incluye apartarnos de nuestro pecado y volvernos hacia lo que es recto y santo. Como escribió J. I. Packer: "Arrepentirse significa comenzar a vivir una nueva vida".[1] A esto se refería Pablo en el pasaje anterior

---

1. J. I. Packer, *Concise Theology: A Guide to Historic Christian Beliefs* (Carol Stream, IL: Tyndale Publishing, 1993), 162. Edición en español: *Teología concisa*, publicada por Editorial Unilit, 1998.

cuando instruyó a los efesios a "[ponerse] la nueva naturaleza". Nos alejamos de lo que es pecado y nos acercamos a lo que es santo. Buscamos comportamientos, actitudes y deseos opuestos. Sin embargo, no podemos hacerlo por nosotras mismas. Necesitamos la ayuda del Espíritu Santo para alejarnos del pecado. Necesitamos orar para que el fruto del Espíritu crezca y florezca en nuestro corazón y redunde en una vida santa. Necesitamos confiar y descansar en la obra de Dios en nuestra vida, no en nuestras propias fuerzas. Aunque hacer morir nuestro pecado y vestirnos de santidad implica mucho esfuerzo de nuestra parte, al fin y al cabo, es Dios el que está obrando en nosotras.

> Por tanto, amados míos, como siempre habéis obedecido, no como en mi presencia solamente, sino mucho más ahora en mi ausencia, ocupaos en vuestra salvación con temor y temblor, porque Dios es el que en vosotros produce así el querer como el hacer, por su buena voluntad (Filipenses 2:12-13).

En segundo lugar, debemos pedir perdón a los que hemos herido. Debemos hablar con nuestros hijos y decirles que nos hemos equivocado en nuestras respuestas y acciones, y llamar a nuestras acciones por lo que son: pecado. Hacer eso significa que no podemos excusar nuestro comportamiento culpando a nuestros hijos de alguna manera, sino asumir la responsabilidad de nuestro propio pecado. Y luego pedirles perdón.

Tiendo a herir a mis hijos con mis palabras o con mi tono de voz sarcástico. El Espíritu entonces me inquieta y me convence de pecado. Me arrepiento de mi pecado ante el Señor, y luego voy a mis hijos y les digo: "Lamento haberles hablado así. Fui hiriente y estuve mal. Por favor, perdónenme". Al hacerlo, estoy mostrando a mis hijos el poder del evangelio en acción. Mi arrepentimiento les recuerda que todos somos pecadores y necesitamos al Salvador, incluso su madre. Les enseño, con el ejemplo, cómo acudir al evangelio en busca de ayuda y esperanza cada vez que pecan.

Abundante gracia y misericordia

Las madres van a pecar. Es un hecho garantizado. Nos despertamos enfermas por la mañana y tenemos que seguir haciendo los quehaceres a lo largo de todo el día. Quizás nuestros hijos también estén enfermos. Tal vez estén más quejosos o respondones. Quizás les cueste obedecer. Pueden provocarnos rápidamente a la frustración y la ira. O uno de nuestros hijos puede estar pasando por una etapa de desarrollo particularmente difícil. Ya no sabemos qué hacer. Nuestra paciencia está llegando al límite. O tal vez solo queremos que las cosas salgan como nos gusta; y, cuando no eso no sucede, reaccionamos con ira y nuestros hijos reciben la peor parte. Cualesquiera que sean las circunstancias, cualquiera que sea el pecado, hay buenas noticias.

Dios tiene una abundante provisión de misericordia y gracia para nosotras. En su misericordia, Dios no nos castiga como merecemos; en su gracia, nos muestra su favor y bondad inmerecidos. ¡Necesitamos desesperadamente ambas cosas! A lo largo del Antiguo Testamento, se describe a Dios como un Dios de amor, misericordioso y fiel. Es parte de su carácter; es quien es Él. Cuando Dios se encontró con Moisés en la montaña, se describió a sí mismo como "¡Jehová! ¡Jehová! fuerte, misericordioso y piadoso; tardo para la ira, y grande en misericordia y verdad; que guarda misericordia a millares, que perdona la iniquidad, la rebelión y el pecado, y que de ningún modo tendrá por inocente al malvado; que visita la iniquidad de los padres sobre los hijos y sobre los hijos de los hijos, hasta la tercera y cuarta generación" (Éxodo 34:6-7).

Eso es lo que el profeta de Lamentaciones se recordó a sí mismo cuando estaba pasando por un momento particularmente difícil y doloroso. Recordó que Dios es un Dios de amor, misericordioso y fiel.

Por la misericordia de Jehová no hemos sido consumidos,
porque nunca decayeron sus misericordias.
Nuevas son cada mañana; grande es tu fidelidad.
Mi porción es Jehová, dijo mi alma; por tanto, en él
esperaré (Lamentaciones 3:22-24).

En una disertación sobre la misericordia y la fidelidad de Dios, Matthew Henry nos recuerda que, como la zarza ardiente de Moisés, nosotros no somos consumidos.[2] Podemos experimentar dificultades, podemos soportar la disciplina de Dios, podemos entrar en su fuego refinador, pero nunca seremos destruidos. Porque Dios es misericordioso, porque estamos en Cristo y Él es nuestra porción, perseveraremos.

En este momento de la historia redentora, podemos encontrar rastros de la misericordia y la gracia de Dios a lo largo de todas las Escrituras. Podemos ver cómo cumplió el pacto con su pueblo de que sería su Dios. Podemos ver cómo suplió nuestra mayor necesidad a través del Redentor a quien prometió en Génesis 3:15. Podemos ver cómo derramó su ira sobre su Hijo para que nosotros pudiéramos ser libres del pecado y justificados ante Dios. Una y otra vez, nos colma de gracia y misericordia.

Esta es una buena noticia cuando no hemos sido la mamá que queremos ser. Es una buena noticia cuando vemos nuestro pecado en el llanto desconsolado de un hijo al que le hemos gritado. Es una buena noticia cuando luchamos con el mismo pecado una y otra

---

2. Matthew Henry, *Matthew Henry's Commentary on the Whole Bible* (Peabody, MA: Hendrickson Publishers, 1991), 1330. Edición en español *Comentario bíblico Matthew Henry: Obra completa sin abreviar* publicada por Editorial Clie, 1999.

vez. Dios no ha terminado con nosotras. No dejará que seamos consumidas. Su gracia y misericordia no tienen fin.

Para el corazón de una madre

1. Lee el Salmo 51. ¿Qué puedes aprender de este salmo sobre el pecado, la confesión y el arrepentimiento?
2. ¿Has experimentado la convicción de pecado del Espíritu? ¿Cómo has respondido a esa convicción?
3. Ve al Señor en oración y confiésale tus pecados; reconócelos delante de Él. Podrías orar el Salmo 51 en voz alta.

Una oración para mostrar arrepentimiento

Crea en mí, oh Dios, un corazón limpio, y renueva un espíritu recto dentro de mí (Salmos 51:10).

Padre celestial:

Vengo ante ti agobiada por el peso del pecado sobre mi vida. Estaba enojada y les grité a mis hijos. Otra vez. Usé el sarcasmo como un latigazo que golpea a diestra y siniestra. Sus expresiones de asombro y dolor fueron como un puñetazo en el estómago que me volvió a la realidad. Eso me hizo ver la verdad de mi pecado y me hizo detestarlo.

Por más difícil que sea para mí ver la horrible verdad de mí misma, tengo que ver lo malo antes de poder aceptar lo bueno. Tengo que detestar mi pecado antes de poder amar tu gracia para mí en Cristo. Perdóname, Padre, por mi enojo. Perdóname por desahogar mis problemas con mis hijos. Perdóname por no ser paciente, amable y tolerante. Perdóname por excusar mi pecado.

Te doy gracias, Jesús, por el sacrificio que hiciste en la cruz por mis pecados. Te doy gracias por el gran precio que pagaste. Te doy gracias por la vida perfecta que llevaste por mí. Te doy gracias porque estás en el trono e intercedes por mí.

Te doy gracias, Espíritu Santo, por la obra que estás haciendo en mí. Te doy gracias porque me convences de pecado y me muestras mi necesidad de gracia y misericordia. Te doy gracias porque me estás ayudando a dejar mi vieja naturaleza y a vestirme de la nueva vida que tengo en Cristo. Ayúdame a hacer morir el pecado en mi corazón todos los días. Ayúdame a arrepentirme rápidamente. Ayúdame a buscar las cosas que glorifican a Cristo.

Oro para que, a pesar de mí y de mis acciones, obres en el corazón de mis hijos. Ayúdalos a aprender de mi pecado cuánto todos necesitamos a Jesús. Ayúdalos a amar el evangelio de la gracia y a arrepentirse de su propio pecado.

Padre, continúa derramando tu gracia y misericordia sobre mí cada día. Ayúdame a confiar en que tu fuente nunca se secará. Ayúdame a extraer de tu fuente en lugar de intentar vivir en mis propias fuerzas y mis propios recursos.

Oro, junto con David: "Crea en mí, oh Dios, un corazón limpio, y renueva un espíritu recto dentro de mí".

En el nombre de Jesús. Amén.

9

Cansada y extenuada

Esta promesa de reposo espiritual es una promesa
que nos dejó el Señor Jesucristo en su última
voluntad y testamento, como un precioso legado.

MATTHEW HENRY

Antes de tener hijos, mis días eran bastante previsibles. Sabía qué esperar. Me despertaba puntualmente a las 6 de la mañana, me preparaba para ir a trabajar y salía de casa a la misma hora todos los días. Y, aunque mi trabajo era difícil, mis tardes y fines de semana me daban la oportunidad de descansar y relajarme antes de volver al trabajo.

La vida con hijos es diferente. Ya sea que una madre trabaje fuera de casa durante el día o se quede en casa con sus hijos, no hay reposo para las madres cansadas. Si bien hay mucha alegría y dulzura en la vida diaria de una madre mientras ama, cría y cuida a sus hijos, ser madre también puede ser exigente y agobiante, física, emocional y espiritualmente. No hay fin para las tareas a realizar. No hay tarjetas perforadas para sellar al final del día. No hay turnos ni descansos de quince minutos. No hay tiempo fuera de servicio ni vacaciones. Una mamá siempre está de servicio.

No solo eso, sino que el trabajo de una madre a menudo parece más difícil que cualquier otro trabajo. El constante malabarismo entre obligaciones, las sorpresas inesperadas que los niños le lanzan a diestra y siniestra, y los problemas de conducta y disciplina que surgen cuando menos lo espera la mantienen en constante alerta. A menudo trata de anticipar lo que podría llegar a suceder para estar preparada (¿alguien tuvo que cambiar pañales en un restaurante alguna vez?). Desde problemas de disciplina y aprendizaje hasta el cuidado de niños enfermos; desde responder innumerables preguntas hasta limpiar otro derrame; desde administrar la vida familiar hasta rescatar a un niño que no sabe cómo se subió a la parte superior de la alacena, el trabajo de una madre desafiaría y extenuaría al mejor neurocirujano.

Si bien el trabajo es parte de nuestro diseño previo a la caída (el ser humano fue creado para trabajar), el cansancio físico, mental, emocional y espiritual, que a veces sentimos como resultado de la naturaleza agobiante de nuestro trabajo, no lo es. A veces llegamos al final de nuestras fuerzas, sin más reservas para ni una cosa más. No sé tú, pero yo hay días que me siento totalmente extenuada. Siento como si no me quedara nada más para dar. He agotado todos mis recursos. No puedo responder otra pregunta, resolver otro problema, arbitrar otra disputa o servir otro bocadillo. No puedo más.

Necesitamos descanso

No hay duda al respecto, ser madre nos agota. Lo sabemos. Lo sentimos en lo profundo de nuestro ser. Pensamos que será mejor una vez que el bebé duerma toda la noche o una vez que se acostumbre a dormir en una "cama grande para niños", o una vez que el sistema inmunitario de todos los niños madure para que no se contagien el mismo virus a la vez… Sabes a qué me refiero. Claro, es probable que durmamos toda la noche una vez que ya no tengamos bebés que alimentar cada tres horas, pero eso no significa que no habrá días extenuantes. De hecho, a medida que nuestros hijos crezcan, nos quedaremos despiertas hasta tarde para saber que han regresado a casa sanos y salvos después de una velada con amigos. Como mamás, somos propensas a asumir todas las cargas y pensamos que todo depende de nosotras. Tenemos grandes expectativas para nosotras mismas y tratamos de estar pendientes de todas las cosas, ya sea tener una casa impecable y niños bien vestidos o de cumplir con nuestras tareas voluntarias en la escuela o en el campo de juego. Vamos detrás de todos para recoger los platos rotos y terminar lo que quedó sin hacer. Además de las tareas como madres, tenemos otras responsabilidades que cumplir. Vivimos como si fuéramos supermamás resistentes a los límites y los márgenes de la fragilidad humana.

Cuando mis hijos eran más pequeños, tuve que enseñarles qué eran los márgenes en las hojas del cuaderno. Escribían automáticamente en toda la hoja sin tener en cuenta que los espacios en la parte superior y a los lados los debían dejar vacíos. Estos márgenes están allí por una razón. Imagínate si abrieras un libro y encontraras cada centímetro de las páginas llenas de palabras. Sería abrumador. Necesitamos esos espacios en blanco.

Así ocurre con la vida. Necesitamos momentos de descanso. Necesitamos márgenes en nuestra vida.

Curiosamente, antes de la caída del hombre, Dios diseñó márgenes de descanso para nosotros. Antes que nuestros cuerpos fueran quebrantados y raídos por las garras del pecado, Dios había incluido el descanso en su diseño para el mundo.

Y acabó Dios en el día séptimo la obra que hizo; y reposó el día séptimo de toda la obra que hizo. Y bendijo Dios al día séptimo, y lo santificó, porque en él reposó de toda la obra que había hecho en la creación (Génesis 2:2-3).

Este reposo sabático indicaba que la obra de la creación estaba completa. Dios consagró el día y lo santificó.

Después de la caída, ¡cuánto más necesitamos descansar! Sin duda necesitamos descanso físico, porque el estrés de nuestro trabajo desgasta nuestros cuerpos y nos pasa factura. También necesitamos descanso espiritual. Y, principalmente, esto es lo que Dios incorporó al orden de la creación y lo dispuso en la ley. Ese descanso está basado en encontrar paz en Dios y experimentar gozo en su presencia. Experimentamos este descanso cuando adoramos en el día de reposo, para recordar y celebrar quién es Dios y lo que hizo.

Sin embargo, hay un descanso mayor como objetivo de nuestro descanso semanal: *nuestro reposo en Cristo.*

Cristo, nuestro reposo

Jesús vino a darnos el descanso más importante que necesitamos. Vino para relevarnos del esfuerzo de vivir la vida en nuestras propias fuerzas: de tratar de ser las diosas de nuestros propios reinos. Vino a quitarnos la carga de vivir como si la vida dependiera de nosotras. Vino para librarnos de la necesidad de demostrar que somos dignas ante los demás y ante Dios. Vino para librarnos de la obligación de tratar de agradarle con nuestro trabajo y esfuerzo. Vino a relevarnos del intento de salvarnos. Vino a redimirnos de nuestro pecado, a liberarnos de nuestra carga y a llevarse todo nuestro pesar.

La Biblia se refiere a nuestra salvación como "reposo". En Hebreos 3, el autor compara a Jesús con Moisés y declara que es el más grande profeta que liberó a los israelitas de la esclavitud. El autor luego usa a los israelitas que deambularon por el desierto durante cuarenta años por su incredulidad como un ejemplo negativo de aquellos que no respondieron al "reposo" o la salvación que Dios les ofrecía. Al citar el Salmo 95, advierte a sus lectores cristianos:

Por lo cual, como dice el Espíritu Santo: Si oyereis hoy su voz, no endurezcáis vuestros corazones, como en la provocación, en el día de la tentación en el desierto, donde me tentaron vuestros padres; me probaron, y vieron mis obras cuarenta años. A causa de lo cual me disgusté contra esa generación, y dije: Siempre andan vagando en su corazón, y no han conocido mis caminos. Por tanto, juré en mi ira: No entrarán en mi reposo (Hebreos 3:7-11).

La generación del éxodo no disfrutó de este reposo. Incluso después de presenciar el poder milagroso y la gracia de Dios en las diez plagas, e incluso después que Él abriera el Mar Rojo para que cruzaran y derrotara al Faraón y sus ejércitos, aun así, no creyeron. Refunfuñaron y se quejaron en el desierto. No confiaron en Dios como su reposo y su salvación. Pensaron que la vida en la esclavitud era mejor. Incluso crearon un becerro de oro para adorarlo en lugar de adorar al Dios que había demostrado ser fiel. Debido a su incredulidad, no entraron en su reposo.

Dado que el escritor de Hebreos afirma que Jesús es mejor que Moisés, continúa mostrando a sus lectores (y a nosotras) que hay un descanso mayor que el que se encuentra en la tierra prometida: el reposo que se encuentra en Jesús. Hebreos 4:8-10 dice:

Porque si Josué les hubiera dado el reposo, no hablaría después de otro día. Por tanto, queda un reposo para el pueblo de Dios. Porque el que ha entrado en su reposo, también ha reposado de sus obras, como Dios de las suyas.

Por medio de Cristo, dejamos de esforzarnos. Descansamos en Él y en la vida perfecta que vivió por nosotros y su muerte sacrificial en la cruz por nuestros pecados. No tenemos que depender de nosotras mismas para hacerlo todo bien. No tenemos que depender de nuestras propias fuerzas para hacer que la vida funcione. No tenemos que caminar con culpa por todo lo que nos queda sin hacer.

Hasta que Cristo regrese, la oportunidad permanece abierta para que las personas acudan a Él y reciban descanso de sus labores. Sin embargo, este reposo llega solo a aquellos que creen en Cristo por la fe. No es para los incrédulos. Como escribió Matthew Henry:

> Tan seguro como los judíos incrédulos cayeron en el desierto y nunca llegaron a la tierra prometida, así de seguro es que los incrédulos caerán en destrucción y nunca llegarán al cielo. Tan seguro como Josué, el gran capitán de los judíos, no pudo darles la posesión de Canaán debido a su incredulidad, a pesar de su eminente valor y conducta, así de seguro es que ni Jesús mismo, capitán de nuestra salvación, a pesar de toda la plenitud de la gracia y fuerza que reside en Él, no dará descanso espiritual ni eterno a los incrédulos en los postreros días; solo quedará para el pueblo de Dios; otros por su pecado se abandonan a la falta de descanso eterno.[1]

Tenemos los beneficios del descanso presente en esta vida y el descanso postrero y definitivo que tendremos en la eternidad. Este pasaje de Hebreos habla principalmente del descanso eterno en el cielo, donde estaremos ante el trono de Dios con todos los santos de todos los tiempos, y nos maravillaremos y adoraremos a nuestro gran Dios y Salvador Jesucristo.

---

1. Matthew Henry, *Matthew Henry's Commentary on the Whole Bible* (Peabody, MA: Hendrickson Publishers, 1991), 2386. Edición en español: *Comentario bíblico Matthew Henry: Obra completa sin abreviar,* publicada por Editorial Clie, 1999.

Descanso aun en el caos

Como madres, parece imposible tener algún tipo de descanso, ya sea físico, mental o incluso espiritual. Con todas las tareas, responsabilidades y preocupaciones, es difícil imaginar tener un solo momento de descanso para nosotras. Incluso con un preadolescente y otro adolescente en casa, todavía no puedo entrar al baño ni por un minuto sin que alguien me llame.

Cuando ni siquiera podemos encontrar descanso físico, ¿cómo podemos esperar encontrar descanso espiritual como madres?

Puede ser tentador dejar de buscar nuestro descanso en Cristo en esta etapa de la vida. Podemos pensar que la vida es demasiado caótica para que encontremos un momento de tranquilidad en el día para descansar y concentrarnos en el Señor. Sin embargo, buscar ese descanso no es solo cuestión de dedicar una hora a la lectura de la Biblia y la oración. No se trata de tener tiempo de silencio absoluto y concentrarnos en Dios sin niños a la vista. No se trata de tener un horario estricto y levantarnos a las 5 de la mañana para asegurarnos de hacer nuestro devocional antes que los niños se despierten, aunque todas estas son buenas ideas y metas valiosas.

Más bien, buscar descanso en Cristo es una actitud del corazón. Es algo que funciona todo el tiempo, las 24 horas del día, los 7 días de la semana. Es un estado constante del corazón en el que siempre descansamos en el Señor y confiamos en Él como nuestra vida y nuestra salvación. En realidad, podemos meditar en el evangelio y en lo que Cristo ha hecho por nosotras incluso en medio del día más caótico. Podemos ir a Cristo en busca de esperanza y fortaleza sin importar dónde nos encontremos y qué estemos haciendo. Podemos repetir el evangelio y deleitarnos con versículos de las Escrituras que están escondidos en nuestro corazón, incluso cuando no tengamos una Biblia a mano. Podemos orar en nuestro corazón a nuestro Salvador durante todo el día.

Aferrarnos al descanso que tenemos en Cristo nos hace libres de nuestros intentos por llevar la carga de ser madres en nuestras propias fuerzas. Recordar que tenemos un gran Salvador, que cargó con todos nuestros pecados y dolores en la cruz, nos ayuda a saber que Él se preocupa por cada momento de nuestra experiencia como madres. Incluso, dejar pasar algunas cosas y entregar en las manos de Dios nuestras expectativas de ser "supermamás" significa confiar en que el Señor organizará nuestro día y determinará qué cosas lograremos y cuáles no. Cuando Él, en lugar de una lista de tareas pendientes, se convierte en el centro de nuestra atención, podemos hallar gozo en los días más activos y extenuantes.

Sí, como madres, estaremos extenuadas y cansadas, algunos días más que otros, pero el descanso espiritual siempre estará disponible para nosotras. No tenemos que vivir la vida como si todo dependiera de nosotras. No tenemos que estar pendientes de todo y anticiparnos a cada necesidad para resolver todos los problemas. Ya tenemos un Salvador; no tenemos que ser las salvadoras. De modo que descansemos en quién es Jesús para nosotras. Descansemos en la salvación que nos ha dado, con la certeza de que la experimentaremos en su plenitud, en toda su maravilla y gloria, en el mundo venidero.

Para el corazón de una madre

1. Lee Lucas 10:38-42. ¿Cómo se estaba perdiendo Marta la paz y el descanso en Cristo? ¿Por qué dijo Jesús: "María ha escogido la buena parte"?
2. Es cierto que ser madre es exigente y agobiante. Es difícil para las mamás encontrar siquiera unos minutos para sí mismas. ¿Cómo puedes concentrarte en tu descanso en Cristo, incluso en medio del caos?
3. Ora y medita hoy en tu reposo en Cristo.

Una oración para la mamá extenuada

Venid a mí todos los que estáis trabajados y
cargados, y yo os haré descansar (Mateo 11:28).

Amado Padre celestial:

Vengo ante ti cansada y agobiada por este largo día. Mantenerme al día con el trabajo, la vida y las necesidades de mis hijos a veces es extenuante. Todos necesitan algo de mí, y todo al mismo tiempo. No puedo descansar ni un minuto. Me siento débil e inútil.

Hago todo lo que puedo para manejarlo todo. Llevo una lista y trato de anticiparme a lo que todos necesitan, pero justo cuando creo que las cosas están yendo bien, alguien se enferma, o me despierta por un mal sueño o está atravesando un período de desarrollo particularmente difícil. Y luego recuerdo que no puedo hacerlo todo. Recuerdo que soy débil y frágil.

Por eso vengo a ti para poner todas estas cargas a tus pies. Eres un Padre bueno. Nunca te cansas ni te agotas. Incluso mientras duermo, sigues obrando. Nunca te sorprendes ni nada te toma desprevenido. Eres soberano y omnisciente. Nada sucede fuera de tu conocimiento y tu voluntad.

Perdóname por intentar conquistar el mundo, por pensar que puedo hacerlo todo en mis propias fuerzas. Perdóname por vivir como si no necesitara un Salvador. Este día largo y agotador me recuerda que necesito a Jesús más que ayer y que mañana lo necesitaré aún más.

Ayúdame a descansar y confiar en ti. Oro para encontrar mi confianza no en lo que puedo hacer, sino en lo que harás en mí a través de Cristo. Por lo que Jesús hizo por mí, te pido que crees en mí un corazón limpio y renueves un espíritu recto dentro de mí. Dame la fuerza del evangelio para enfrentar cada día. Abre mis ojos para que vea que tu mano está obrando en el caos de mi vida. Sé mi constante en los altibajos de cada día. Mantén el evangelio siempre presente ante mí y hazlo realidad en mi vida diaria como madre.

Oro para que mañana estés conmigo en todo el trajín que experimento como madre. Ayúdame a encontrar paz y descansar en ti sin importar lo que esté sucediendo a mi alrededor. Que pueda recordar que, incluso cuando sienta lo contrario, siempre estás conmigo

En el nombre de Cristo Jesús. Amén.

10

¿Quién soy?

*Si pudiéramos hacernos a nosotros mismos, entonces
podríamos vivir para nosotros mismos. Si pudiéramos
ser nuestra primera causa, entonces podríamos ser
nuestra propia finalidad. Sin embargo, Dios nos
hizo para Él y nos envió al mundo para Él.*

THOMAS MANTON

Cuando llevé a mis hijos a ver *Los Increíbles 2*, antes que comenzara la película principal proyectaron un cortometraje titulado *Bao*. Este personaje es una madre china que sufre después que sus hijos dejan el "nido vacío". Un día está haciendo buñuelos y, sorpresivamente, uno de sus buñuelos cobra vida. Ella cría a ese buñuelo bebé como a un hijo. La película muestra que la madre hace todo con ese buñuelo y, a menudo, todo *por* ese buñuelo. También vemos al buñuelo pasar por todas las etapas del desarrollo, incluidos los turbulentos años de la adolescencia. Vemos a la madre resistirse a la creciente independencia de su hijo a medida que crece y se va de la casa.

Al final de la película, mis hijos preguntaron:

—¿De qué se trataba ese cortometraje?

—¿Me están tomando el pelo? —respondí—. Se trata del corazón de cada madre (mientras sollozaba y me limpiaba las lágrimas de la cara).

Una vida derramada

Mientras miraba ese cortometraje, reconocí muchos aspectos de mí misma en aquella madre. Me hizo pensar en que he vivido para mis hijos. Desde su nacimiento, les he dedicado mi vida. Los he criado, alimentado y cuidado. Les he enseñado y los he formado. Les he leído las mismas historias en voz alta una y otra vez, he jugado infinidad de veces a la Batalla Naval y he visto más películas de Marvel de las que puedo contar. He orado por ellos cuando estaban enfermos, los he cuidado en muchas enfermedades y me he angustiado por varias cirugías. Mis días giran alrededor de ellos y de sus horarios. En muchos sentidos, mi vida son mis hijos.

Hace poco pregunté a mujeres mayores cómo es tener el nido vacío. Puede parecer una pregunta extraña, porque todavía me quedan unos ocho años antes que el menor de mis hijos se vaya de casa, pero la hago porque quiero ir preparando mi corazón desde ahora. Creo que es muy común que las madres funden su identidad en su papel como madre, tanto que sientan que han perdido el ancla de sus vidas una vez que sus hijos se van.

Dedicamos tanto tiempo y energía a nuestros hijos, que no es de extrañar que estemos tentadas a definirnos por lo que hacemos como mamás. En los últimos años, me he dado cuenta de que dispongo de tiempo extra que no tenía antes. Me encuentro de brazos cruzados a la noche y me pregunto por qué no tengo nada que hacer. Entonces me doy cuenta de que solía pasar las tardes jugando y ocupada con los niños de alguna manera. Ahora juegan juntos o solos y no necesitan que los entretenga. Esto es así en todas las etapas: poco a poco, nuestros hijos se vuelven cada vez menos dependientes de nosotras. A medida que maduran, nos necesitan cada vez menos. Es una verdad difícil de aceptar si encontramos nuestro significado y propósito en nuestro papel de madres.

Sin embargo, hay otro problema de identidad con el que las madres a menudo luchan, y es recordar quiénes solíamos ser antes de ser mamás. No sé tú, pero yo solía identificarme por mi trabajo. Cuando conocía a una persona, usaba mi puesto laboral como parte de mi descripción de quién era. Creo que esto le sucede a la mayoría de las personas, pero después hice una pausa en esa parte de mi vida y salté a mi papel de madre. Fue difícil dejar de lado esa identidad. El trabajo que realizaba me daba significado y propósito; cambiar pañales y cantar canciones tontas no lo hacía tanto. Me costaba aceptar mi nuevo rol y mi nuevo propósito. Seguía preguntándome: *¿Quién soy?*

El trabajo no es lo único de nuestro pasado que a menudo queda a un lado. Para algunas mamás, las cosas que más disfrutaban en la vida quedan suspendidas. Podría ser un pasatiempo favorito, una actividad educativa o una meta atlética. Pensamos en nuestra vida antes de ser madres y nos preguntamos: *¿Quién es esa mujer y a dónde se fue?*

Muchas cosas de nuestra vida antes de convertirnos en mamás eran importantes para nosotras: determinaban nuestros días y alimentaban nuestras metas. Tales cosas llegaron a ser parte de nuestra identidad, pero, cuando asumimos el rol de madre, ya no encajaban tan bien. No teníamos tiempo ni energía para continuar con ellas. Quizás nuestras finanzas cambiaron, y tuvimos que dejar de lado nuestro pasatiempo o nuestras metas debido a los gastos adicionales que traen los hijos. Quizás nuestros intereses anteriores ya carecían de sentido. Cualquiera que sea la razón, podemos recordar esa parte de nuestra vida y sentir dolor por haberla perdido.

Todas estas cosas —nuestro papel de madre, el trabajo y las metas o intereses— son medios a través de los que tratamos de encontrar nuestro sentido en la vida. Son lo que usamos para tratar de hallar lo que nos define: nuestra identidad.

La búsqueda de significado

Todas las personas buscamos identidad, significado y propósito. Todas necesitamos saber por qué estamos aquí. Necesitamos una razón para levantarnos por la mañana y hacer esfuerzos en nuestro trabajo. Es lo que determina quienes somos. La identidad es algo bueno.

El mundo proclama que nuestra identidad gira alrededor de lo que *hacemos*. Si corremos, somos corredoras. Si escribimos, somos escritoras. Si curamos a las personas, somos médicas. Si enseñamos, somos maestras. Si tenemos hijos, somos madres. Todo lo que hacemos se convierte en nuestra identidad.

Para los creyentes, sin embargo, hay otra fuente que nos dice quiénes somos: la Palabra de Dios. Las Escrituras nos dan significado y propósito duraderos. Es algo que no cambiará, independientemente de los cambios en nuestra vida o en el mundo que nos rodea. No cambiará con nuestra edad o con la etapa de la vida en la que nos encontremos. No cambiará si nos mudamos a otra ciudad, asistimos a una iglesia diferente o logramos otro título. No se ve afectado por lo que hacemos, pero conforma lo que hacemos.

La Biblia señala que cuando Dios creó a este mundo con sus palabras también creó a la humanidad. Nuestros primeros padres, Adán y Eva, fueron creados a imagen de Dios.

Entonces dijo Dios: Hagamos al hombre a nuestra imagen, conforme a nuestra semejanza; y señoree en los peces del mar, en las aves de los cielos, en las bestias, en toda la tierra, y en todo animal que se arrastra sobre la tierra. Y creó Dios al hombre a su imagen, a imagen de Dios lo creó; varón y hembra los creó (Génesis 1:26-27).

Se les dio la responsabilidad de gobernar el mundo como representantes de Dios. Lo representaban en todo lo que hacían: en su trabajo, en su creatividad y en su descanso. Lo glorificaban en su obediencia, en su relación entre ellos y al gozarse en la presencia de Dios.

Luego cayeron en pecado. Hicieron la única cosa que Dios les dijo que no podían hacer: comer el fruto del árbol prohibido. Debido a que Adán era nuestro representante, su acción nos afectó a todos. Cuando cayó en pecado, todos caímos. Todos heredamos nuestra naturaleza pecaminosa de él. Sin embargo, incluso antes que Dios anunciara las maldiciones sobre Adán y Eva, les dio esta promesa: "Y pondré enemistad entre ti y la mujer, y entre tu simiente y la simiente suya; esta te herirá en la cabeza, y tú le herirás en el calcañar" (Génesis 3:15).

Jesús es el segundo Adán, el que obedeció perfectamente a Dios y que es el cumplimiento de esa promesa en Génesis 3:15. Jesús es Dios encarnado, enviado para redimirnos y recuperar nuestra buena relación con Dios. Vino a restaurar lo que se rompió en la caída. Mediante la fe en su vida perfecta, su muerte sacrificial y su resurrección victoriosa, estamos unidas a Él y hemos sido adoptadas en la familia de Dios. Se nos atribuye la obediencia de Cristo: Dios nos mira y ve la justicia de Jesús. Nos dio el don de su Espíritu, que incluso ahora actúa en nosotras y nos conforma a la imagen de Cristo.

Esto significa que Dios nos creó para ser portadoras de su imagen y para reflejar su gloria. Aunque su imagen en nosotras se desfiguró en la caída, a través de nuestra adopción en la familia de Dios ahora somos portadoras de la imagen redimida. Esa es nuestra identidad. Estamos "en Cristo". Ahora vivimos para glorificarlo. El Catecismo de Westminster declara que nuestro propósito principal es glorificar a Dios y gozar de Él para siempre.[1] Este era el propósito de Adán y Eva en el huerto; y, a través de Cristo, podemos vivir una vez más ese propósito e identidad.

---

1. Ver el Catecismo Mayor y Menor de Westminster, pregunta y respuesta número 1.

Cuando nos preguntamos quiénes somos en los diversos contextos y las distintas etapas de nuestra vida, tenemos que recordar esta verdad: *estamos en Cristo*. Independientemente de los cambios que se produzcan a lo largo de las etapas de nuestra vida, cualesquiera que sean las nuevas experiencias que enfrentemos, seguimos siendo hijas de Dios. Estamos unidas a Cristo; reflejamos su imagen en este mundo.

Esta identidad determina cómo cumplimos con los trabajos, los roles y las tareas que Dios nos da. Nos transmite cómo es para nosotras ser esposas, mamás, amigas y compañeras de trabajo. Define cómo servimos y amamos a los demás e incluso cómo vivimos los últimos años de nuestra vida. Esta identidad está siempre con nosotras y lo estará por la eternidad.

¿Qué dice la Biblia sobre estar en Cristo? Dice muchas cosas, pero aquí hay algunas:

- *En Cristo, tenemos perdón.* "En quien tenemos redención por su sangre, el perdón de pecados según las riquezas de su gracia" (Efesios 1:7).
- *En Cristo, somos nuevas criaturas.* "De modo que si alguno está en Cristo, nueva criatura es; las cosas viejas pasaron; he aquí todas son hechas nuevas" (2 Corintios 5:17).
- *En Cristo, somos amadas.* "Yo en ellos, y tú en mí, para que sean perfectos en unidad, para que el mundo conozca que tú me enviaste, y que los has amado a ellos como también a mí me has amado" (Juan 17:23).
- *En Cristo, fuimos hechas para buenas obras.* "Porque somos hechura suya, creados en Cristo Jesús para buenas obras, las cuales Dios preparó de antemano para que anduviésemos en ellas" (Efesios 2:10).

Cuando pienso en cómo será la vida sin hijos en la casa, me parece un poco aterrador, así como fue un poco aterrador pasar de la vida laboral a la vida de madre. Sin embargo, mi identidad en Cristo me da un fundamento, así como una meta y un propósito que nunca me abandonan, sin importar en qué etapa de la vida me encuentre.

Como mamás, experimentamos muchas temporadas y etapas en nuestra vida. Algunas de nosotras nos tomamos un receso del trabajo por un breve tiempo para tener hijos y luego retomamos nuestra carrera. Otras pueden hacer malabarismos entre una carrera exigente y la vida familiar. Otras pueden trabajar a tiempo parcial durante sus años de crianza de los hijos. Y es posible que algunas nunca trabajen fuera del hogar, pero pasarán los años de crianza en el hogar con sus hijos. Sea lo que sea que hagamos con nuestro tiempo, eso no nos define. No importa qué tareas llenen nuestros días; no importa cuán importantes parezcan; no importa la alegría que nos produzcan, eso no da a nuestras vidas el significado y el valor fundamental.

La que hacemos no es quiénes somos.

Entonces, ¿quién soy? ¿Quién eres tú? Estamos en Cristo. Somos de Dios. Somos hijas del Rey. Somos portadoras de su imagen creadas para glorificar y gozar de nuestro Hacedor.

Para el corazón de una madre

1. Lee Colosenses 2:6-15. ¿Qué te enseña de tu unión con Cristo?
2. ¿Encuentras a veces tu identidad y propósito en tu papel de madre? ¿Qué problemas podría causar esto cuando tus hijos te necesitan menos? ¿O cuando no aprecien tus esfuerzos por ellos? ¿O cuando se vayan de casa?
3. Ora y reflexiona sobre quién eres en Cristo.

Una oración para las mamás que necesitan recordar quiénes son en Cristo

Mas vosotros sois linaje escogido, real sacerdocio, nación santa, pueblo adquirido por Dios, para que anunciéis las virtudes de aquel que os llamó de las tinieblas a su luz admirable (1 Pedro 2:9).

Padre amado:

A veces ya no sé quién soy. Parece que mi identidad y mi propósito siempre están cambiando. Primero fui hija y estudiante. En ese entonces, era una empleada que trabajaba incansablemente. Me convertí en esposa y luché por desempeñarme en mi nuevo rol. Ahora soy mamá, y me pregunto cómo encaja todo eso con lo que soy y con mi propósito en la vida. A menudo me siento tentada a encontrar mi propio valor en lo que hago y, al mismo tiempo, me pregunto si estoy haciendo lo suficiente para que importe.

Muchas cosas compiten por mi tiempo y atención. Mis días son muy ajetreados y no me queda tiempo para nada. Me encanta ser madre, pero parece una tarea abrumadora. Hago todo por mis hijos. Anticipo todas sus necesidades. Respondo cada vez que me llaman. Parece que vivo para ellos.

Padre, me has llamado a ser tu hija. Me has unido a Cristo por la fe y soy parte de tu familia. Me has dado un propósito fundamental: glorificarte y gozar de ti para siempre. Esto es lo que da sentido y dirección a mi vida. Es lo que determina mis días, mis energías y mi tiempo. Por más importante que sea mi papel de madre, el trabajo o cualquier otra cosa que pueda hacer, reflejar tu imagen en este mundo a través de mi unión con Cristo es quien soy.

Perdóname por buscar significado y propósito fuera de eso. Perdóname por recurrir a mis hijos en busca de significado. Perdóname por exaltar mi rol de madre por encima de cualquier otra cosa. Perdóname por estar tan enfrascada en ser madre que me olvido de glorificarte y gozar de ti.

Te pido que, a medida que mis hijos pasen de su niñez a la edad adulta, pueda vivir mi identidad en Cristo en todas las cosas. Te pido que pueda concentrarme en tu gloria y honra y no en la mía. Te ruego que me ayudes a honrarte y glorificarte en todo lo que hago como madre y en todas las demás cosas también.

Te doy gracias porque soy tu hija. Te doy gracias porque estoy en Cristo. Te doy gracias por todos los beneficios que tengo al ser parte de tu familia y tu reino.

Que mi vida pueda glorificarte. En el nombre de Jesús. Amén.

11

Planes y días cuando todo sale al revés

*El hombre puede estar muy seguro de que Dios ejerce
la más absoluta providencia sobre él y sus asuntos.*

Ezekiel Hopkins

Hicimos un viaje a Disney World cuando el menor de mis hijos estaba en preescolar, y planeamos comenzar el viaje después que lo recogiéramos de su jornada escolar de medio día. Cuando llegué a su clase, la maestra me dijo que no parecía encontrarse bien. Le abroché el cinturón de seguridad en su asiento y nos dirigimos a la tierra de los sueños y los cuentos de hadas.

Excepto que mi hijo vomitó en el auto durante todo el viaje.

En otra ocasión, manejé ocho horas para visitar a una amiga y sus hijos que vivían en otro estado. Nos divertimos al visitar la playa, probar la comida y experimentar la cultura de la Costa del Golfo de Mississippi. Un día, llevamos a todos los niños a un parque de camas elásticas bajo techo, donde tienen camas elásticas incluso en los laterales de las paredes. A los niños les encantan estos sitios. Mi amiga y yo encontramos un rincón tranquilo para relajarnos mientras los niños saltaban todo lo que querían.

Hasta que mi hijo mayor vino corriendo hacia mí con sangre que le salía de la boca y le bajaba por la pierna. Mientras saltaba, se había golpeado los dientes con su pierna. Sus dos dientes delanteros pendían de un hilo o más bien de una raíz. Mientras intentaba ayudar a mi hijo y, a la vez, buscaba en Google a un dentista de emergencia local, el propietario del parque me apresuraba para que firmara unos documentos que los eximía de toda culpa por lo que había sucedido.

No hace falta decir que no era lo que había planeado para nuestras vacaciones.

Soy planificadora por naturaleza. Me anticipo a posibles inconvenientes y planifico en consecuencia. Soy la mamá que siempre lleva pañales de más para quien le falte, meriendas para una semana y juguetes en caso de aburrimiento. Y hoy, aunque hace mucho que mis hijos dejaron los pañales, llevo en mi cartera una bolsita con vendas adhesivas, pastillas para la tos y antihistamínicos. ¡Porque nunca se sabe cuándo te puede picar una abeja!

A pesar de mis esfuerzos por estar preparada, ser madre todavía me toma desprevenida.

Días inesperados cuando todo sale al revés

Sin duda, hemos enfrentado circunstancias inesperadas antes de ser madres. Nuestros planes se han truncado. Al menos una vez en nuestra vida, se nos ha pinchado una llanta de camino a algún lugar importante. Nos hemos enfermado y tuvimos que faltar al trabajo. Quizás incluso hemos tenido que pasar la noche en el aeropuerto por la cancelación de un vuelo. Todas esas son circunstancias frustrantes, incluso incómodas e irritantes. Sin embargo, tales circunstancias son parte de la vida.

Ahora bien, cuando agregas niños a la mezcla, parece mucho más difícil. ¿No es cierto?

- La agonía se agrava cuando tu hijo vomita en todo el piso de la tienda de comestibles: ¡Atención! ¡Acudan a limpiar el pasillo 9!
- Los días son más largos y difíciles cuando cada niño contagia su enfermedad al otro y, sin darte cuenta, han pasado semanas que no sales de casa.
- La frustración solo aumenta cuando necesitas comprar leche en la tienda de comestibles y tu pequeñito decide tener una rabieta frente a todos.
- Todo lo que quieres hacer es preparar la cena, pero es la mitad de la noche, lo que significa que todos están nerviosos e impacientes a la vez.
- Estás en una reunión importante con la directora de la escuela de tu hijo cuando el bebé se hizo encima y se te acabaron los pañales.

Estoy segura de que todas tenemos cosas que agregar a la lista. Como madres, nuestra vida está llena de días inesperados donde todo sale al revés, cuando nuestros planes se truncan y nada sale bien. No me refiero a tragedias o catástrofes, sino a las frustraciones inesperadas de todos los días. Todo lleva más tiempo de lo debido. Nada funciona bien, y parece que estamos en una versión de lunes por la mañana de la película conocida como *El día de la marmota* o *Hechizo del tiempo*, donde reviven el mismo día una y otra vez. Algunos días el caos parece tan ridículo que no podemos más que reírnos, y otros días queremos enterrarnos en un agujero y no salir hasta que los niños cumplan treinta años.

Dios está en el trono

Todo el caos y los hechos inesperados en nuestras vidas parecen ser fortuitos, una oleada de mala suerte. Sin embargo, la verdad es que esos días donde todo sale al revés están gobernados por nuestro Dios soberano, omnisciente y todopoderoso.

Dios es el Hacedor y Creador de todas las cosas. Él gobierna sobre todo lo que ha creado, desde los gorriones del cielo hasta los cabellos de nuestras cabezas. Él conoce el número de nuestros días y conoce nuestros pensamientos incluso antes que los pronunciemos. La creación subsiste por Dios, que hace el sol brillar y la lluvia caer. Él gobierna y reina sobre el corazón de los reyes y decide la suerte (ver Proverbios 21:1; 16:33). Él determina todo lo que sucede, y nada ocurre fuera de su voluntad: "Jehová de los ejércitos juró diciendo: Ciertamente se hará de la manera que lo he pensado, y será confirmado como lo he determinado" (Isaías 14:24).

Y aunque hacemos planes, Dios dirige nuestros pasos (ver Proverbios 16:9).

Desde las pequeñas hasta las grandes cosas, Dios gobierna y dirige todo en nuestras vidas. Incluso planes interrumpidos, molestias exasperantes, contratiempos desconcertantes y dificultades inesperadas. Él gobierna sobre la rabieta de nuestro hijo en el pasillo de los dulces, el día en el parque empapados por la lluvia y la llamada telefónica que despierta al bebé de su siesta. Como declara la Confesión de Westminster: "Dios, el gran Creador de todas las cosas, sostiene, dirige, dispone y gobierna a todas las criaturas, acciones y cosas, desde la más grande hasta la más pequeña, por medio de su más sabia y santa providencia, según su infalible presciencia y el libre e inmutable consejo de su propia voluntad, para alabanza de la gloria de su sabiduría, poder, justicia, bondad y misericordia".[1]

Dios no solo está sentado en el trono y determina todo lo que sucede, sino que también es un Dios bueno. Es parte de su carácter: Dios es bueno. "Justo es Jehová en todos sus caminos, y misericor-

---

1. Confesión de Fe de Westminster, capítulo 5.1.

dioso en todas sus obras" (Salmos 145:17). No puede hacer nada que no sea bueno. "Toda buena dádiva y todo don perfecto desciende de lo alto, del Padre de las luces, en el cual no hay mudanza, ni sombra de variación" (Santiago 1:17). En términos espirituales, la oscuridad implica maldad; no hay tinieblas en Él. Dios es el Padre de las luces y nunca cambia. Siempre es bueno. Como criaturas caídas, nos resulta difícil comprender lo que significa eso. Incluso nuestras buenas obras a menudo están manchadas de motivos incorrectos. Sin embargo, Dios siempre hace lo correcto. Es la fuente de todo lo bueno y todo lo que nos da es bueno.

Nuestro Dios es Rey. Él reina sobre todas las cosas; y, porque es bueno, todos sus planes son buenos. Son rectos y justos. Si bien las circunstancias difíciles y dolorosas que experimentamos pueden no ser buenas en sí mismas, Dios siempre las usa para su gloria y nuestro bien (ver Romanos 8:28-29).

Algunas personas pueden resistirse a esta verdad, pero para mí es un gran consuelo. Cuando sucede algo de locos, como el accidente de mi hijo en la cancha de camas elásticas, pienso que si bien puede tomarme con la guardia baja, no sorprende a Dios. Él lo sabía y deseaba que sucediera. Era parte de su buen plan para mi vida y la de mi hijo. Lo mismo sucede contigo: el contratiempo con el pañal de tu bebé, la ronda de enfermedades que parece nunca acabar, y la pelea atropellada entre hermanos en la sección de alimentos congelados no son hechos fortuitos en tu vida. Dios lo dispuso así por una razón. Y, debido a que Dios tiene el control de todas las cosas como el Rey, porque es bueno, tiene un buen plan para nuestros días donde todo sale al revés.

Oportunidades divinas

Dios no dispone interrupciones y circunstancias inesperadas en nuestras vidas sin un propósito; más bien, las permite para transformarnos. Los días donde todo sale al revés son solo otro medio por el cual Dios nos santifica y nos transforma a la semejanza de su Hijo. Si bien usa cosas grandes, como el sufrimiento físico o la pérdida de un empleo o incluso la persecución, también usa cosas pequeñas, cosas que parecen fortuitas e insignificantes, para nuestra santificación.

Muchas de nosotras no experimentamos grandes hechos devastadores que transforman nuestro corazón de una manera profunda. La mayoría de nosotras cambiamos por las pequeñas cosas de la vida: la pequeña decisión de hablar con amabilidad y amor, la decisión de invitar a una amiga a tomar un café, el acto fiel de preparar la cena cada noche para nuestra familia. Estas pequeñas cosas nos moldean a lo largo de la vida.

Son también las pequeñas cosas las que se convierten en oportunidades divinas para que enfrentemos la realidad de quiénes somos y quién es Dios. En verdad, estos inconvenientes nos recuerdan que no somos Dios. Nos recuerdan que somos criaturas dependientes. Nos recuerdan que no tenemos toda la vida resuelta, que no podemos controlar lo que sucede y que no podemos vivir en nuestras propias fuerzas. Nuestros días donde todo sale al revés se convierten, entonces, en oportunidades para que confiemos en la gracia de Dios y en sus fuerzas para resistir. Nos dan la oportunidad de ir a la cruz y recordar nuestra gran necesidad de un Salvador.

Estos inconvenientes también iluminan nuestro corazón para poder ver lo que realmente hay: ira, justicia propia, temor e idolatría. Sacan al descubierto los pecados que hemos ignorado o negado. Nos muestran nuestro deseo de vivir como diosas y reinas de nuestros propios reinos. Revelan que queremos orquestar las cosas y que la vida siga nuestro propio camino.

Esas molestas interrupciones y planes truncados se convierten en oportunidades para que confesemos y nos alejemos de nuestro pecado. Podemos volvernos al evangelio de la gracia y hallar perdón. Podemos optar por obedecer a Dios, glorificarlo con nuestra manera de responder, honrarlo en lo que decimos y hacemos. Y, al hacerlo, experimentamos la obra purificadora del Espíritu en nuestras vidas.

Necesitamos días donde todo sale al revés. Necesitamos esos cambios divinamente orquestados en nuestros planes, porque nos abren los ojos para ver nuestra necesidad de Jesús, nuestra única esperanza. En lugar de resistirnos o evitar esos días donde todo sale al revés, debemos aceptarlos, aprender de ellos y permitir que nos cambien.

Para el corazón de una madre

1. Lee Romanos 5:1-11. ¿Qué te enseña sobre el amor de Dios por ti? ¿Qué tienes por medio de Cristo? ¿Qué te enseña sobre la obra de Dios en tu vida?
2. ¿Te resulta difícil considerar las circunstancias inesperadas de tus días como oportunidades divinamente ordenadas? ¿Por qué sí o por qué no?
3. Ora para que Dios te ayude a ver su obra en tu vida en esos días cuando todo sale al revés.

Una oración para esos días cuando todo sale al revés

Y sabemos que a los que aman a Dios, todas las cosas les ayudan a bien, esto es, a los que conforme a su propósito son llamados (Romanos 8:28).

Padre celestial:

¡Qué semana de locos tuve! Todo salió mal. Los niños se enfermaron, todo el mundo está de mal humor y tuve que cancelar cosas importantes en las que he trabajado mucho. ¡Esta era la peor semana para que sucediera todo esto!

Estoy enojada y abrumada. No tengo tiempo para todas estas interrupciones. Tampoco tengo la energía ni el estado emocional para sobrellevar todo esto.

Sin embargo, después tu Espíritu alienta mi corazón y me recuerda que nada de esto te tomó por sorpresa. No te tomó con la guardia baja. Sabías que todo esto pasaría. Tú reinas sobre todas las cosas, hasta el hecho de que me quedé sin leche justo cuando no podía salir de casa porque todos estaban enfermos.

Y, cuando me pregunto por qué ha pasado toda esta locura, recuerdo que haces todas las cosas bien. Eres un Dios bueno y solo haces lo bueno. Como tu hija, que he sido adoptada en Cristo, experimentaré solo lo que es para mi bien. Tú no quieres mi felicidad para el momento, sino mi santidad por toda la eternidad. Estás usando todos y cada uno de los momentos irritantes y las interrupciones molestas para transformarme a la semejanza de Cristo. Y a veces eso significa truncar mis planes perfectos para mi día. A veces eso significa tener días donde todo sale al revés.

Perdóname por olvidar quién eres: el Rey soberano. Perdóname por olvidarme de tu bondad para conmigo en Cristo. Perdóname por actuar como lo hacen mis hijos cuando no les dejo comer más dulces. Yo sé lo que es bueno para ellos, así como tú sabes lo que es mejor para mí. Perdóname por la forma en que he respondido a estas interrupciones.

Ayúdame a ver estos días donde todo sale al revés como oportunidades soberanamente ordenadas para glorificarte y obedecerte. Ayúdame a hacer un alto y preguntarme: "¿Qué quiere Dios que aprenda en esto?". Ayúdame a encontrar gozo en el hecho de que soy tu hija y que sabes exactamente lo que necesito. Ayúdame a dejar de mirar el inconveniente que tengo frente a mí y a contemplar tu visión general de las cosas.

Confío en que estás conmigo.

En el nombre de Jesús. Amén.

12

Falta de contentamiento de las madres

*Dios es el mayor bien de la criatura razonable; y gozar de
Él es la única felicidad que puede satisfacer nuestra alma.*

JONATHAN EDWARDS

¿Alguna vez has pensado: "Si tan solo..."?

Ya sabes, esa pequeña frase que susurras en lo profundo de tu corazón. Ese anhelo tácito de algo nuevo, algo más grande, algo mejor. Es lo que nos decimos a nosotras mismas para explicar por qué nuestra vida no funciona. Nuestro "Si tan solo..." es eso que mejoraría la vida y nos haría más felices. Tiene la forma perfecta para encajar en el hueco de nuestro corazón y, una vez que el "Si tan solo..." esté en su lugar, estaremos contentas y satisfechas.

- Si tan solo mi casa fuera más grande, podríamos invitar a otras personas y no me sentiría tan sola.
- Si tan solo mi hijo durmiera toda la noche, sería una mejor mamá.
- Si tan solo pudiéramos tener otro hijo, nuestro matrimonio volvería a encarrilarse.

- Si tan solo recuperara la figura que tenía antes de ser mamá, me sentiría mejor conmigo misma y no estaría tan deprimida todo el tiempo.
- Si tan solo mis hijos me escucharan, sería una madre más amable.
- Si tan solo tuviéramos más dinero, no estaría tan estresada y preocupada.
- Si tan solo...

Un recorrido rápido por las redes sociales, y aparecen en escena los "Si tan solo...". Una breve curioseada a las fotos de otras amigas mamás, e inmediatamente nuestros pensamientos comienzan a perderse por el sendero de "Si tan solo...". Empezamos a desear que nuestra vida fuera diferente. Comenzamos a pensar *Si tan solo* estuviera a la altura de la vida de nuestras amistades... Nos preguntamos: ¿Por qué mi casa no es así? ¿Por qué mi hijo no se comporta de esa manera? ¿Por qué mi esposo no me trata también de manera especial? Si tan solo sucediera eso, mi vida sería mucho mejor.

Vemos fotos de las recientes vacaciones de una amiga y desearíamos estar allí. Leemos acerca de una amiga cuyo hijo logró un gran éxito en la escuela o en el campo de juego y deseamos lo mismo para nuestros hijos. Vemos relatos de cosas tiernas que los niños dicen o hacen y nos preguntamos por qué nuestros hijos no hacen lo mismo. Leemos historias divertidas y pensamos que nuestra vida misma es una broma, pero no divertida. Vemos las manualidades dignas de Pinterest que hacen otras mamás y sentimos que somos un fracaso. Vemos las elaboradas fiestas de cumpleaños temáticas que organizan otras mamás y confesamos ser las peores mamás del mundo.

Las redes sociales nos ofrecen un vistazo a la vida de otras personas y nos hacen pensar que nuestra propia vida palidece en comparación. Olvidamos que estamos viendo una foto destacada, que ha sido cuidadosamente seleccionada, incluso cuando se trate de una escena caótica.

Sin embargo, las redes sociales no pueden cargar con la culpa; también nos comparamos con los demás en la vida real. Por ejemplo, cuando nos encontramos con una amiga y nos enteramos de su último viaje o del increíble partido que acaba de jugar su hijo. O cuando visitamos la casa de una amiga y vemos el dormitorio recientemente redecorado de su hija. O cuando llevamos a nuestros hijos a jugar con otros niños y vemos cuántos de los otros bebés han empezado a caminar, mientras nuestros hijos se contentan con ir gateando a todas partes.

Independientemente de las comparaciones que podamos hacer con quienes nos rodean, ya sea de manera virtual o en la vida real, nos sentimos atraídas a hacer comparaciones. Nuestro corazón es propenso a buscar esa única cosa, ese "Si tan solo…", que creemos que hará nuestra vida mejor y más feliz.

Un problema de insatisfacción

Detrás de nuestro "Si tan solo…" se esconde la insatisfacción. Nuestros corazones están insatisfechos por naturaleza. Desde el momento en que nuestros primeros padres escucharon y creyeron la mentira de Satanás, de que no tenían una vida con Dios suficientemente buena y que necesitaban ser como Dios, nuestros corazones han estado propensos a desviarse. En nuestra naturaleza pecaminosa, somos propensas a buscar vida, esperanza y felicidad en las cosas, en las circunstancias, en las experiencias, en otras personas, en cualquier otro lugar menos en Aquel que nos creó.

Fuimos creadas por Dios para amarlo y adorarlo solo a Él. Fuimos hechas para conocerlo y ser conocidas por Él. Sin embargo, la caída de Adán y Eva nos llevó a buscar amores falsos y ficticios. Amamos y adoramos las cosas creadas en lugar de adorar al Creador mismo. Buscamos esperanza, ayuda, significado y valía al margen de Dios. Debido a esta naturaleza errante en nuestros corazones, tendemos fácilmente a sentirnos insatisfechas. Estamos inquietas y siempre descontentas. Como escribió una vez San Agustín: "Nos has hecho para ti y nuestro corazón está inquieto hasta que repose en ti".[1] Continuaremos deseando "Si tan solo…" en nuestra vida hasta que encontremos nuestro reposo en Dios mismo.

Como creyentes, sabemos que estamos llamados a adorar solo a Dios. Ni siquiera consideraríamos inclinarnos ante una estatua hecha de madera, metal o arcilla. Y, además, amamos a Dios. Oramos a Él todo el día y lo adoramos los domingos por la mañana. Sin embargo, la realidad es que nuestros "Si tan solo…" dicen lo contrario. Nuestros "Si tan solo…" dicen que Dios no es suficiente, que queremos más. Que necesitamos más. Así que sumamos nuestros "Si tan solo…" a nuestro amor por Dios. Lo adoramos, y también adoramos la vida que deseamos. Ponemos nuestra esperanza en Él y en un cambio en nuestras circunstancias; pero, como dijo Jesús, "Ninguno puede servir a dos señores" (Mateo 6:24).

El pueblo de Dios fue culpable de esto. Leemos una y otra vez en el Antiguo Testamento acerca de cómo Dios envió profetas para llamar al pueblo a arrepentirse de buscar la vida y la salvación al margen de Dios.

Espantaos, cielos, sobre esto, y horrorizaos; desolaos en gran manera, dijo Jehová. Porque dos males ha hecho mi pueblo: me dejaron a mí, fuente de agua viva, y cavaron para sí cisternas, cisternas rotas que no retienen agua (Jeremías 2:12-13).

El agua es esencial para la vida, y en la Biblia se describe a Dios como la fuente de toda vida; Dios es una fuente de agua viva. Sin

---

1. St. Augustine, *Confessions*, trad. Henry Chadwick (Nueva York: Oxford University Press, 1991), 3. Edición en español, *Confesiones de San Agustín*, publicada por CreateSpace Independent Publishing Platform, 2013.

embargo, Israel se apartó de Dios y creó sus propios dioses para adorar. Sus ídolos eran como cisternas rotas que no retienen el agua. Israel adoró a ídolos inútiles que no tenían poder ni fuerza para salvarlos.

La insatisfacción es idolatría. Es buscar vida y esperanza fuera de Aquel que nos hizo para Él. Es buscar algo que no tiene poder para salvarnos y esperar que eso haga que nuestras vidas funcionen. Y, en el fondo de nuestro corazón, sabemos que no será así. Sabemos que una vez que logremos esa cosa nueva, tengamos esa nueva experiencia o recibamos ese cambio en las circunstancias que tanto deseamos, no estaremos tranquilas ni contentas. Simplemente, anhelaremos algo más para llenar el vacío.

La cura para nuestra insatisfacción no radica en algo nuevo. No se encuentra en ningún cambio. No llega cuando se cumplen nuestros "Si tan solo…". Se encuentra en una persona: Jesucristo.

Satisfacción en Cristo

A lo largo de su ministerio, el apóstol Pablo tuvo numerosas experiencias cercanas a la muerte, pero también tuvo momentos de seguridad y protección. Algunos días tenía dinero para cubrir sus necesidades y otros días no. En su carta a la iglesia en Filipos, les agradeció por un regalo que le habían dado y que había ayudado a cubrir sus necesidades. De las muchas iglesias que había iniciado, esta iglesia había sido la más generosa, y su apoyo financiero el más fiel. Al darles las gracias, escribió:

> No lo digo porque tenga escasez, pues he aprendido a contentarme, cualquiera que sea mi situación. Sé vivir humildemente, y sé tener abundancia; en todo y por todo estoy enseñado, así para estar saciado como para tener hambre, así para tener abundancia como para padecer necesidad (Filipenses 4:11-12).

Algunas de nosotras hemos leído ese pasaje muchas veces y nos preguntamos cómo es posible contentarse en cualquier situación. Ese tipo de satisfacción parece inalcanzable.

Nos preguntamos: ¿Cómo puedo estar contenta cuando mi esposo viaja toda la semana y apenas pasamos tiempo juntos como familia? ¿Cómo puedo estar contenta cuando mis hijos luchan tanto en la escuela y nadie parece querer ayudarlos? ¿Cómo puedo estar contenta cuando ser madre es tan difícil? ¿Cómo puedo estar contenta cuando tengo un hijo de voluntad firme? ¿O uno con necesidades especiales? ¿O uno a quien no entiendo? ¿Cómo puedo estar contenta cuando no puedo permitirme darles a mis hijos la infancia que deseo para ellos?

El secreto del contentamiento de Pablo en todas sus circunstancias, tanto en la abundancia como en la escasez, era que su corazón estaba afirmado en Cristo. Así explicó su contentamiento a los filipenses: "Todo lo puedo en Cristo que me fortalece" (Filipenses 4:13). Al igual que Pablo, necesitamos arraigar nuestro propio contentamiento en Cristo, en quién es Él y en lo que ha hecho y en quiénes somos a causa de eso.

En Cristo, tenemos todo lo que necesitamos o podríamos desear. Todas esas cosas que buscamos en nuestros "Si tan solo…" se hallan en Él. En Cristo, encontramos nuestro significado y propósito. En Él, encontramos la ayuda y la esperanza que necesitamos con desesperación. En Él encontramos el amor perfecto. Cristo llena todos los vacíos de nuestro corazón. Satisface todos nuestros anhelos. Calma nuestros corazones inquietos. Con su vida, muerte y resurrección, suplió nuestra mayor necesidad: restauró nuestra relación rota con Dios. Restauró nuestra comunión con Dios. Por medio de Cristo, podemos conocer una vez más a nuestro Hacedor y Creador y ser conocidas por Él.

Bendito el Dios y Padre de nuestro Señor Jesucristo, que según su grande misericordia nos hizo renacer para una esperanza viva, por la resurrección de Jesucristo de los muertos, para una herencia incorruptible, incontaminada e inmarcesible, reservada en los cielos para vosotros, que sois guardados por el poder de Dios mediante la fe, para alcanzar la salvación que está preparada para ser manifestada en el tiempo postrero (1 Pedro 1:3-5).

¿Lo has entendido? Nuestra esperanza es una esperanza viva garantizada por la resurrección de Cristo. Gracias a que Él venció la muerte, tenemos la esperanza de la eternidad.

Como Pablo, debemos ver a Cristo como nuestra fuente de gozo y contentamiento. Debemos velar y buscarlo continuamente. Aunque hemos sido redimidas, seguimos pecando. Nuestros corazones todavía se desvían. Por tanto, debemos permanecer en Cristo. Lo hacemos a través de la oración y lectura de su Palabra, al depender y confiar en su gracia en todas las cosas, al adorar junto con los santos reunidos. Y, cuanto más permanecemos en Cristo, más opera quirúrgicamente y transforma nuestros corazones su Palabra viva y poderosa. Cuanto más nos moldea su Palabra, más se ajustan nuestros anhelos y esperanzas a su voluntad, y más nos contentamos en cualquier circunstancia que el Señor disponga. Cuanto más encontramos nuestro contentamiento en Cristo, más débiles se vuelven nuestros "Si tan solo…" y más amamos lo que Dios ama.

Y entonces, como Pablo, podemos decir que hemos aprendido a contentarnos sean cuales sean nuestras circunstancias. Porque el verdadero gozo no depende de lo que sucede en nuestra vida o en nuestra experiencia como madres. No depende de si nuestros hijos toman una siesta todos los días o si van a la escuela que queríamos que fueran o si obtienen una determinada calificación en un examen. No depende de lo que tengamos o no tengamos, de cómo nos traten o no nos traten los demás, ni de si logramos nuestra meta. Las circunstancias van y vienen, pero el verdadero gozo está ligado a algo que no cambia. Está ligado a lo que tenemos en

Cristo. Y eso es algo que nunca cambiará. Este gozo permanece con nosotras incluso en los tiempos difíciles. No huye ante el dolor o la pérdida. Camina junto a nuestras preocupaciones y nuestros miedos. Es una corriente invisible y constante que nos lleva a través de las tormentas de la vida.

Cuando descubrimos que nuestro corazón está descontento y anhelamos algo nuevo y mejor y comenzamos a buscarlo en todos los lugares equivocados, necesitamos clamar a Dios. No para pedirle que mejore nuestra vida, sino para pedirle un corazón limpio. Necesitamos buscarlo en arrepentimiento y practicar en nuestra vida y nuestro corazón lo que Cristo ha hecho por nosotros en el evangelio. Necesitamos permanecer en Él y recordar que sin Él no podemos hacer nada.

Entonces lo que pedimos no será lo que tenga nuestro prójimo. No será un cambio de nuestras circunstancias. No será una súplica por algo nuevo o mejor. Más bien, podremos decir con el salmista: "Una cosa he demandado a Jehová, esta buscaré; que esté yo en la casa de Jehová todos los días de mi vida, para contemplar la hermosura de Jehová, y para inquirir en su templo" (Salmos 27:4).

Para el corazón de una madre

1. Lee el Salmo 27. David tuvo muchos problemas en su vida. ¿Cómo podía decir que lo único que quería era estar en la presencia de Dios? ¿Cuáles son algunas de las palabras que él usa en este salmo para describir a Dios? De este lado de la redención, ¿cómo vemos el versículo 1 cumplido en Cristo?

2. ¿Cuál es tu "Si tan solo…"? ¿Qué buscas, fuera de Cristo, que te dé esperanza como madre?

3. Acércate al Señor en oración. Arrepiéntete de los ídolos que adoras. Busca tu gozo en quién es Cristo y en lo que Él ha hecho.

Una oración para el corazón que no tiene contentamiento

Justificados, pues, por la fe, tenemos paz para con Dios por medio de nuestro Señor Jesucristo; por quien también tenemos entrada por la fe a esta gracia en la cual estamos firmes, y nos gloriamos en la esperanza de la gloria de Dios (Romanos 5:1-2).

Amado Padre celestial:

Vengo ante ti con el anhelo de un cambio en mi vida. Ser madre no es lo que pensé que sería y necesito que las cosas cambien. Últimamente me vienen pensamientos: "Si tan solo _____", mi vida sería mejor. Sería más feliz. Estaría más contenta como madre".

Incluso mientras oro, reconozco esas palabras por lo que son: un intento de encontrar esperanza y vida fuera de ti. Mi descontento revela ídolos en mi corazón. Sé que soy propensa a adorar a dioses falsos. Soy propensa a buscar circunstancias, cosas o personas que satisfagan las necesidades que solo tú puedes satisfacer. Perdóname por tener un corazón idólatra. Perdóname por pensar que lo que más necesito es un cambio de mis circunstancias, cuando lo que realmente necesito es tu presencia.

Tú eres mi Hacedor y mi Creador. Me conoces por dentro y por fuera. Me creaste para ti, para adorarte, amarte y honrarte. Siempre que me vuelvo a los ídolos, no puedo darte el honor que te mereces. Te robo la gloria para entregarla a otros dioses.

Ayúdame a ver la debilidad y la impotencia de las cosas a las que me aferro. Ayúdame a ver que mis "Si tan solo…" no harán mi vida mejor ni más feliz. No pueden llenar el vacío de mi corazón. Solo tú puedes hacerlo.

Te doy gracias porque Jesús me redimió del pecado con su sangre para que pueda volver a tener una relación correcta contigo. Te doy gracias porque su resurrección me garantiza una esperanza eterna, una esperanza viva. Te doy gracias por el gozo que tengo en Él, un gozo que nadie me puede quitar.

Ayúdame a buscar y anhelar ese día final cuando mi esperanza se ha de manifestar.

En el nombre de Jesús. Amén.

13

Cuando nuestros hijos pecan

*Admito que no podemos hacer que nuestros hijos
amen la Biblia. Solo el Espíritu Santo puede
darles un corazón que se deleite en la Palabra.*

J. C. Ryle

Los hijos son una alegría y un regalo del Señor: "He aquí, herencia de Jehová son los hijos; cosa de estima el fruto del vientre" (Salmos 127:3). Desde que nos enteramos de que vamos a tener un hijo, oramos por nuestro pequeño cada día. Aunque nunca lo hemos conocido en persona, amamos a nuestro hijo más que a nada en este mundo. Esperamos meses —y, en el caso de las mamás adoptivas, a veces años— y anticipamos el momento maravilloso cuando tendremos a ese precioso regalo de Dios en nuestros brazos.

Cuando nacen nuestros hijos, o una agencia de adopción los pone en nuestros brazos por primera vez, puede ser difícil pensar en esos dulces bebés como pecadores (a menos que lloren toda la noche, ¡entonces nos convencemos de eso!). No es hasta que nuestros preciosos pequeños comienzan a moverse a nuestro alrededor, a meterse en problemas, e incluso a respondernos mal, que la evidencia de su pecaminosidad nos golpea. La primera vez que se acercan a tocar algo justo después que les dijimos que no lo hicieran, o la primera vez que gritan "¡No!" en respuesta a una instrucción que les dimos, la verdad que hemos sabido siempre en nuestra mente acerca de su estado pecaminoso se hace plena realidad. La doctrina del pecado que aprendimos en la iglesia nos mira directo a los ojos: nuestros hijos heredaron el mismo estado pecaminoso que todos heredamos de Adán.

Como nos enseña la Confesión de Westminster:

Nuestros primeros padres, seducidos por la sutileza y tentación de Satanás, pecaron al comer del fruto prohibido. Quiso Dios, conforme a su sabio y santo propósito, permitir este pecado habiendo propuesto ordenarlo para su propia gloria.

Por este pecado cayeron de su rectitud original y perdieron la comunión con Dios, y por tanto quedaron muertos en el pecado, y totalmente corrompidos en todas las facultades y partes del alma y del cuerpo.

Siendo ellos el tronco de la raza humana, la culpa de este pecado les fue imputada, y la misma muerte en el pecado y la naturaleza corrompida se transmitieron a la posteridad que desciende de ellos según la generación ordinaria".[1]

Nuestros hijos no se vuelven pecadores después de cometer su primer pecado; son pecadores desde el momento de su concepción. Como escribió David: "He aquí, en maldad he sido formado, y en pecado me concibió mi madre" (Salmos 51:5).

Aunque tenemos este conocimiento teológico, a veces es sorprendente ver el pecado de nuestros hijos en plena exhibición: arrebatos de ira, mentiras, robo, idolatría, intimidación y desafío, por nombrar algunos. ¡Y todo esto puede suceder antes que el niño ingrese al jardín de infancia! A medida que nuestros hijos

---

1. Confesión de fe de Westminster, capítulos 6.1-3.

crecen y llegan a la adolescencia, se enfrentarán a tentaciones de pecados aún mayores. Más que sorprendente, a menudo es descorazonador ver a nuestros hijos pecar. Nos rompe el corazón ver que nuestros hijos toman decisiones que los llevan cada vez más lejos del camino de la vida. Muchas madres han llorado por la pecaminosidad de sus hijos.

Tómate un momento para considerar los pecados que has cometido en tu vida, en particular los que has cometido en tu juventud. No sé tú, pero yo no quiero que mis hijos caigan en algunos de los mismos pecados que yo he cometido en mi pasado. Definitivamente no quiero que persistan en pecados que lastimarán a ellos y a quienes los rodean. Sin embargo, la realidad es que nuestros hijos pecarán. Los pecados que cometen pueden ser similares a los nuestros o pueden ser distintos. Las consecuencias naturales que experimenten pueden ser peores que las nuestras o puede que no. Tenemos que recordar que, aunque nuestros hijos no persistan en los pecados que nuestra sociedad considera los más vergonzosos o destructivos, aun así, el pecado que cometan es contra un Dios santo y justo. Siguen siendo graves. Quizás, en lugar de ser manifiestamente rebeldes, nuestros hijos pueden ser orgullosos e hipócritas. En lugar de adorar el reconocimiento de sus compañeros, es posible que adoren el conocimiento o la tecnología. Puede que no cometan grandes pecados que les causen problemas dondequiera que vayan; sus pecados pueden ser más internos, en sus pensamientos o creencias.

Sean cuales sean los pecados con los que luchen nuestros hijos en sus vidas, necesitan un Salvador tanto como nosotras.

La mayor necesidad de nuestros hijos

Antes de tener hijos, trabajé como psicoterapeuta infantil. A menudo enseñaba habilidades de crianza como parte de mis responsabilidades. Cuando me reunía con los padres para hablar sobre la crianza de sus hijos, a menudo comenzaba hablando sobre la filosofía general y los objetivos de la crianza de los hijos. Quería que primero vieran el panorama general antes de enfocarnos en cualquier tipo de método. Sin embargo, los padres con los que me reunía no querían hablar sobre la filosofía de la crianza de los hijos. Solo querían saber cómo corregir el comportamiento de sus hijos. Me decían: "Solo dime qué hacer para que mi hijo deje de _____".

Si bien hay cosas buenas y útiles que podemos hacer para ayudar a nuestros hijos con su comportamiento pecaminoso, como establecer ciertas estructuras y rutinas, ser coherentes con nuestras expectativas y disciplina, y asegurarnos de que coman bien y descansen lo suficiente, al fin y al cabo, lo que los niños necesitan es un corazón nuevo. Porque detrás del comportamiento pecaminoso de nuestros hijos hay un asunto del corazón; la clave del problema es el corazón.

¿Por qué el corazón? Porque el corazón es el núcleo de lo que somos como seres humanos. Cuando la Biblia habla del corazón, no se refiere a nuestro corazón físico, el que bombea sangre hacia todo nuestro cuerpo y nos mantiene vivos. Tampoco se refiere a los dulces y tarjetas en forma de corazón que regalamos a los que amamos en el Día de San Valentín. La Biblia usa la palabra *corazón* para referirse a nuestro yo interior, quiénes somos como persona, nuestro verdadero ser. Este yo interior incluye nuestros pensamientos, nuestros deseos, nuestros sentimientos, nuestra personalidad, nuestros motivos e intenciones y las decisiones que tomamos. Como dice Proverbios: "Como en el agua el rostro corresponde al rostro, así el corazón del hombre al del hombre" (Proverbios 27:19) y "Sobre toda cosa guardada, guarda tu corazón; porque de él mana la vida" (Proverbios 4:23).

Debido a que somos criaturas caídas, como toda la humanidad, nuestros corazones son propensos a pecar. Lo que necesitamos es un corazón nuevo, uno que sea capaz de amar y obedecer a Dios. Esto prometió Dios en el libro de Ezequiel.

Y les daré un corazón, y un espíritu nuevo pondré dentro de ellos; y quitaré el corazón de piedra de en medio de su carne, y les daré un corazón de carne, para que anden en mis ordenanzas, y guarden mis decretos y los cumplan, y me sean por pueblo, y yo sea a ellos por Dios (Ezequiel 11:19-20).

Esto es lo que hace el Espíritu Santo cuando despierta nuestros corazones muertos a la vida. Los teólogos llaman *regeneración* a este despertar. El Espíritu nos da un corazón nuevo, uno que es capaz de responder a Dios con fe: "Pero Dios, que es rico en misericordia, por su gran amor con que nos amó, aun estando nosotros muertos en pecados, nos dio vida juntamente con Cristo" (Efesios 2:4-5).

Lo que más necesitan nuestros hijos no es ayuda para corregir un pecado o comportamiento indeseable, sino un corazón nuevo. Necesitan que el Espíritu los lleve de la muerte a la vida. Necesitan que sus ojos se abran a la verdad espiritual para que puedan ver su necesidad de Jesús y lo que hizo por ellos mediante su vida, muerte, resurrección y ascensión. Necesitan el don de la fe para poder ir a Cristo y recibir la salvación y el perdón de sus pecados. Necesitan que el Espíritu obre en ellos, que los santifique y los transforme a la semejanza de Cristo.

Instruye, señala el error y ora

Cuando vemos a nuestros hijos pecar, ya sean niños pequeños que tocan objetos frágiles en los estantes o niños de primer grado que mienten sobre una tarea escolar o adolescentes que ven una película prohibida, debemos recordar el evangelio. Cuando nos desesperamos por las decisiones que toman nuestros hijos, debemos recordar el evangelio. Cuando tenemos miedo del camino que están siguiendo, debemos recordar el evangelio.

Necesitamos predicarnos el evangelio, recordar que todos hemos nacido como criaturas caídas y pecadoras. Nosotras mismas estuvimos una vez separadas de Dios, y fue por su gracia que nos salvó. Debemos recordar que nuestros hijos necesitan el mismo evangelio que nosotras. No será nuestra excelente crianza o una educación de primer nivel o experiencias de vida fascinantes las que transformen a nuestros hijos; más bien, será el poder del evangelio. Tenemos que confiar y buscar que Dios obre en su vida y su corazón.

También debemos guiar a nuestros hijos al evangelio. Tenemos la responsabilidad como madres de instruirlos y discipularlos en la fe. Como dice el Señor en Deuteronomio 6:6-9:

> Y estas palabras que yo te mando hoy, estarán sobre tu corazón; y las repetirás a tus hijos, y hablarás de ellas estando en tu casa, y andando por el camino, y al acostarte, y cuando te levantes. Y las atarás como una señal en tu mano, y estarán como frontales entre tus ojos; y las escribirás en los postes de tu casa, y en tus puertas.

De este lado de la historia de la redención, debemos enseñar a nuestros hijos quién es Jesús y qué vino a hacer. Necesitamos enseñarles acerca de la vida perfecta que Él vivió por ellos, su muerte sacrificial, su victoriosa resurrección y su ascensión de regreso al cielo. El evangelio es la historia que les contamos cuando se sientan, cuando caminan, cuando se acuestan y cuando se levantan. En todo momento y en todo lugar, debemos guiar a nuestros hijos hacia el evangelio. Si bien es el Espíritu quien trae a nuestros hijos de la muerte a la vida, nosotros los padres somos uno de los medios que Dios usa para salvar a nuestros hijos. Quizás esto podría compararse con la forma en que Dios usa nuestras oraciones para llevar a cabo su voluntad; no lo necesita, pero ha decidido que así sea. Esta verdad debería impulsarnos aún más a ser diligentes en nuestra labor de enseñar e instruir a nuestros hijos en la Palabra de Dios.

Finalmente, debemos orar para que el Señor obre en el corazón de nuestros hijos. Como mamás, es fácil concentrarnos en orar por la salud de nuestros hijos o su éxito en la escuela. Es probable que oremos para que desarrollen buenas amistades o para que no sean intimidados en el patio de recreo. Incluso podemos orar para que dejen de pelear con sus hermanos o de tener rabietas. Todas estas son oraciones excelentes e importantes, pero la oración que no podemos dejar de hacer es que Dios ratifique su pacto en el corazón de nuestros hijos. Debemos orar para que salve a nuestros hijos de sus pecados.

El apóstol Pablo escribió varias oraciones en sus cartas a las iglesias a las que servía. Estas oraciones no mencionan sus necesidades físicas. No mencionan que los creyentes tengan un techo sobre su cabeza o se recuperen de un resfriado, aunque tal vez Pablo oraba por esas cosas. (Jesús nos enseñó a orar por nuestras necesidades diarias en Mateo 6:11). Sus oraciones se centraban en sus corazones. Oraba para que Dios los transformara a través de su gracia. Oraba para que crecieran en su amor y conocimiento de Dios. Las oraciones que hizo por ellos no estaban centradas en lo temporal, sino en lo eterno. Oraba por la obra del reino y la difusión del evangelio a través de ellos. Oraba por su fortaleza espiritual y los animaba con la esperanza que tenían en la vida perfecta y muerte sacrificial de Cristo.

Este es un ejemplo de una de sus oraciones:

Por esta causa doblo mis rodillas ante el Padre de nuestro Señor Jesucristo, de quien toma nombre toda familia en los cielos y en la tierra, para que os dé, conforme a las riquezas de su gloria, el ser fortalecidos con poder en el hombre interior por su Espíritu; para que habite Cristo por la fe en vuestros corazones, a fin de que, arraigados y cimentados en amor, seáis plenamente capaces de comprender con todos los santos cuál sea la anchura, la longitud, la profundidad y la altura, y de conocer el amor de Cristo, que excede a todo conocimiento, para que seáis llenos de toda la plenitud de Dios (Efesios 3:14-19).

Es mi oración que las mamás oremos tales oraciones por nuestros hijos: que Dios abra los ojos de sus corazones, que vean su necesidad de Él, que respondan con fe al evangelio, que sean transformados a la imagen de su Salvador.

Para el corazón de una madre

1. Lee las oraciones de Pablo: Efesios 1:17-19; 3:14-19; Filipenses 1:9-11; Colosenses 1:9-11; 1 Tesalonicenses 5:23-24. ¿De qué maneras se refiere al evangelio? ¿Qué te enseñan estas oraciones que puede determinar tu manera de orar por tus hijos?
2. ¿Cómo respondes al pecado de tus hijos? ¿Estás sorprendida? ¿Desanimada o descorazonada? ¿Con temor?
3. Acude a Dios en oración y haz una de las oraciones de Pablo, tanto por ti como por tus hijos.

Una oración por el corazón de nuestros hijos

Él estableció testimonio en Jacob, y puso ley en Israel, la cual mandó a nuestros padres que la notificasen a sus hijos; para que lo sepa la generación venidera, y los hijos que nacerán; y los que se levantarán lo cuenten a sus hijos, a fin de que pongan en Dios su confianza, y no se olviden de las obras de Dios; que guarden sus mandamientos (Salmos 78:5-7).

Padre celestial:

Vengo a ti hoy con el corazón abrumado. Un corazón cansado. Un corazón apesadumbrado. La crianza de los hijos es difícil. Justo cuando creo que sé lo que estoy haciendo, algo cambia y necesito aprender algo nuevo. Hay días que me pregunto si alguna vez me sentiré segura de la manera de criar a mis hijos, pero tal vez ese sea el punto central. Tal vez no debo confiar en mis métodos y estrategias. Tal vez no siempre esos métodos "funcionen". Tal vez la crianza de mis hijos me mantenga alerta porque, en lugar de confiar en lo que hago como madre, necesito confiar en ti. Tal vez ser madre es difícil para aprender a depender y confiar en ti y en la obra de tu Espíritu en mi vida y en la vida de mis hijos.

Padre, presento a mis hijos ante ti. Son hijos del pacto que disfrutan de todos los ricos beneficios de ser parte de una iglesia, escuchar la predicación de la Palabra cada semana, tener otros adultos en sus vidas, aprender y memorizar tu Palabra. Oro para que ratifiques el pacto en ellos. Tráelos de la muerte a la vida por el poder de tu Espíritu. Abre su mente y su corazón para que vean su necesidad de Jesús. Convéncelos de pecado y llévalos al arrepentimiento. Ayúdalos a amarte con todo su corazón, toda su mente, toda su alma y todas sus fuerzas. Obra en ellos, purifícalos y moldéalos a la imagen de Cristo. Protege su mente y su corazón del mal, y que nunca pasen un día sin conocerte como el Señor de sus vidas. Que Jesús sea siempre su mayor tesoro.

Oro por las decisiones y respuestas que tomo en la crianza de mis hijos. Ayúdame a ser una madre que actúe con tu sabiduría y no con la mía. Ayúdame a buscar tu gloria y no la mía. Ayúdame a decir la verdad con amor, guiar a mis hijos a Cristo, enseñarles y disciplinarlos de acuerdo con tu Palabra y amarlos como tú me has amado. Ayúdame a no inquietarme, preocuparme ni temer. Ayúdame a no desesperarme. Ayúdame a no reaccionar de forma exagerada. Ayúdame a recordar que ellos son pecadores, como yo. Ayúdame a recordar que ellos necesitan un Salvador, al igual que yo. Ayúdame a confiar y descansar en ti y en el poder del evangelio que obra en mí y en ellos. Ayúdame a ser pronta para arrepentirme, lenta para enojarme y generosa con mi amor y afecto.

Suceden cosas buenas mientras esperamos. Se necesitó tiempo para que estas preciosas almas se formaran en mi vientre, ¡qué alegría sentí por su llegada! Ayúdame a tener paciencia mientras espero que obres en sus corazones. Ayúdame a velar y esperar con fe y confianza. Ayúdame a ver la evidencia de tu gracia y obra en sus corazones. Ayúdame a gloriarme en tu bondad y fidelidad en Cristo.

Te ruego que escuches el clamor de mi corazón. En el nombre de Jesús. Amén.

14

Cuando las madres
se sienten solas

*En todas las pruebas y problemas que has tenido,
¿alguna vez Dios te ha abandonado?... No,
hijos de Dios, es un deber solemne responder
"No" y dar testimonio de su fidelidad.*

C. H. SPURGEON

Mi esposo viaja con frecuencia por trabajo; y, cuando mis hijos eran pequeños, solía juntarme con otras madres cuyos maridos también viajaban por trabajo. Nos turnábamos para invitarnos unas a otras a cenar, reunirnos en un restaurante para niños o hacer un pícnic en el parque. A veces, cuando mi esposo estaba fuera de la ciudad y el esposo de otra amiga estaba en la ciudad, ella venía a hacerme compañía por la noche. Veíamos películas para chicas y hacíamos una "degustación de chocolate amargo".

Aunque tenemos personitas con nosotras en el hogar, a menudo nos sentimos solas y aisladas. Tal soledad es diferente para cada mamá. Algunas tienen maridos que trabajan muchas horas o viajan durante varios días y simplemente necesitan hablar con otra persona adulta. Después de responder una pregunta tras otra de "por qué" esto y "cómo" aquello, las mamás están desesperadas por hablar con alguien que mida más de un metro.

Tal vez otras mamás se hayan mudado a una nueva ciudad donde no conocen a una sola alma. No tienen familiares cerca y no hay nadie que las ayude con los niños. No hay nadie que las conozca y se preocupe por ellas.

Algunas mamás tienen un hijo con limitaciones o necesidades especiales y pueden sentirse lejanas de otras mamás cuyos hijos no tienen tales dificultades. Sus vidas pueden girar en torno a las necesidades únicas de su hijo. Es posible que pasen sus días en consultorios médicos o de especialistas. Quizás no tengan tiempo para reunirse con otras mamás para la hora del cuento en la biblioteca o para una tarde de juego en el museo infantil local. Sus circunstancias pueden dificultar su interrelación con los demás. Tal vez no conozcan a muchas otras mamás que se encuentren en circunstancias similares.

Y otras mamás están completamente solas en la crianza de sus hijos, sin un esposo que las ayude a soportar la carga. Tienen que encargarse de todo. Sienten el peso de la responsabilidad de manejar solas la disciplina y otros deberes de padres. No hay nadie a quien delegar. No solo eso, sino que sus días están completamente llenos y no les queda tiempo para nada ni para la amistad.

Cuando tienes hijos, algunas etapas pueden ser más solitarias que otras. Hay muchas oportunidades disponibles para que las mamás pasen tiempo con otras mamás cuando los niños son pequeños. Hay clases de "mamá y yo", tiempo de cuentos en la biblioteca, estudios bíblicos para mamás jóvenes, grupos de juego y cosas por el estilo. Esta etapa brinda el tiempo necesario para que las mamás tengan otras personas con las que relacionarse y compartir las alegrías y los retos de ser madres. Sin embargo, una vez que los niños comienzan la escuela, algunas de las mamás que se quedaban en casa con sus pequeños regresan al trabajo. La vida se vuelve más ajetreada y extrañan el tiempo que tenían con otras mamás.

Incluso a medida que los niños avanzan en sus años escolares, las mamás pueden sentirse muy solas. Los niños están en la escuela todo el día y las mamás pueden trabajar durante ese tiempo, manejar responsabilidades en el hogar o ser voluntarias en las escuelas de sus hijos. Algunas pueden pasar sus días escolarizando a sus hijos en casa. Una vez que termina la jornada escolar, las mamás se mantienen ocupadas con la tarea escolar y en llevar a cada niño a cualquier actividad en la que participe. Los fines de semana están ocupadas con los deportes y las obligaciones familiares. Toda esta actividad puede hacer que sea difícil encontrar tiempo para la amistad y la relación con los demás.

En efecto, cuando eres madre, puedes sentirte bastante sola.

Creados para vivir en comunidad

Ese sentimiento de soledad no es algo que se deba ignorar o minimizar. No es algo que se deba pasar por alto o fingir que no existe. Tenemos esos sentimientos porque fuimos creados para tener comunión con otros; Dios no nos creó para vivir solos. Cuando Dios creó a Adán del polvo de la tierra, lo hizo para ser un portador de su imagen, para reflejar a Dios en todo lo que Él es. Debido a que Dios es una comunidad trina de Padre, Hijo y Espíritu Santo, Adán necesitaba a alguien más con quien vivir en comunidad: "No es bueno que el hombre esté solo" (Génesis 2:18). Entonces Dios creó a Eva. Juntos, reflejaban a Dios en comunidad uno con el otro. Y cuando honramos, servimos y amamos a los demás en un contexto de comunidad, también reflejamos a nuestro Creador.

A lo largo de las Escrituras, vemos que Dios obraba a través de las comunidades. Hizo un pacto con Abram para convertirlo en padre de muchas naciones. Sacó a sus hijos del pacto de la esclavitud en Egipto y los llevó a la tierra prometida. Por medio de

Cristo, creó la Iglesia, un cuerpo de creyentes unidos por la sangre de Cristo: "Vosotros, pues, sois el cuerpo de Cristo, y miembros cada uno en particular" (1 Corintios 12:27).

Dios obra a través de la comunidad de la Iglesia para construir y establecer su reino. Él nos usa a cada uno de nosotros en la vida de otros creyentes para que nos bendigamos, animemos, exhortemos e impulsemos unos a otros en la fe. Una y otra vez en las Escrituras, vemos a los escritores que nos ordenan amarnos y servirnos unos a otros. A llevarnos las cargas unos a otros. Animarnos unos a otros al amor y las buenas obras. Llorar unos con otros. Enseñarnos y capacitarnos unos a otros en el evangelio. Esto significa que necesitamos vivir en comunidad. Necesitamos de la comunidad cristiana. Necesitamos de la iglesia.

Como mamás, necesitamos que la familia de Cristo nos ministre de la obra del Espíritu que desborda en sus vidas. Necesitamos el aliento del evangelio cuando nos sentimos abrumadas y desanimadas. Necesitamos que nos acompañen en el proceso, que nos señalen el camino cuando perdemos el rumbo, que nos impulsen a regresar al camino cuando nos descarriamos y que nos levanten cuando tropezamos. Necesitamos otras mamás que comprendan la etapa en la que nos encontramos y nos ayuden a superarla. Necesitamos madres mayores que puedan instruirnos y nos enseñen a vivir el evangelio en nuestra etapa de ser madres. Necesitamos hermanos y hermanas que nos ayuden de manera práctica cuando no podemos solas. De todas estas formas y otras más, necesitamos una comunidad cristiana.

Cuando nos sentimos solas como madres, esa soledad nos recuerda que no hemos sido destinadas a ser personas solitarias. Fuimos creadas para ser parte de una comunidad más grande, para ayudar, servir y amar a otros en la familia de Dios. Cuando sentimos esa soledad, significa que hay una barrera de algún tipo entre nosotras y los miembros de nuestra familia en Cristo. Esa barrera puede ser diferente para mí de lo que es para ti. Necesitamos pensar en cuál podría ser esa barrera y buscar la ayuda del Señor para superarla.

Una forma de hacerlo es procurar tener comunión con otros.

Procura tener comunión con otros

Independientemente de las circunstancias de nuestra vida, cualquiera que sea la etapa en la que estemos como madres, sea como sea nuestra soledad, es importante que tratemos de tener comunión con otras personas. Debemos proponernos tener comunión en el cuerpo de Cristo. Debemos aprovechar las oportunidades que se presenten y crearlas cuando no se presenten. La soledad no mejorará a menos que hagamos algo al respecto.

¿Qué se puede hacer?

- *Invita a otras mamás a reunirse para que los niños jueguen.* Si eres ama de casa y tienes días disponibles, crea un grupo con otras mamás de tu iglesia para reunirse y que sus hijos puedan jugar. Reúnanse cada semana y anímense unas a otras.
- *Invita a las personas solteras a tu casa para compartir una comida o pasar juntos los días festivos.* Podrías pensar que tu vida hogareña es caótica y abrumadora, pero hay muchos hermanos y hermanas de la iglesia a quienes les encantaría entrar en el caos y ser bienvenidos como parte de tu familia. Esto también beneficia a tus hijos, ya que aprenden a practicar la hospitalidad.
- *Encuéntrate con otras mujeres para tomar un café.* Ya sea que trabajes durante el día o no, siempre hay tardes y fines de semana. Considera reunirte con otra mujer o dos para tomar un café con regularidad, para poder hablar y conversar sobre tu vida.

- *Lee un libro cristiano junto con una mujer mayor de la iglesia.* Hay mucho que podemos aprender de las mujeres mayores de nuestras iglesias. Aunque no puedas reunirte con una mujer mayor cada semana para hablar sobre lo que has leído, envíale un mensaje de texto o correo electrónico con tus pensamientos y respuestas. Cuéntale cuáles son tus peticiones de oración y trata de reunirte con regularidad para orar con ella.
- *Asiste a un estudio bíblico.* Muchas iglesias ofrecen estudios bíblicos en diferentes momentos del día para satisfacer las necesidades horarias de sus miembros. Aprender la Palabra de Dios con otros creyentes es una parte esencial de la comunidad cristiana. Escuchar a otras personas contar lo que están aprendiendo de las Escrituras abre nuestros propios ojos a cosas que no habíamos notado antes. Aprendemos a través de lo que otras personas aprenden y ellas aprenden a través de nosotras.
- *Acércate a los de afuera.* Algunas de las mejores oportunidades para tener comunión con otros pueden provenir de conocer a alguien nuevo, alguien de afuera. Busca a aquellas personas que no suelen participar en las actividades de la iglesia y trata de acercarte a ellas. Conoce sus vidas y sus historias. Trata de incluirlas en la comunidad.
- *Busca ayudar en la comunidad.* ¿Hay varias mamás que tienen hijos con necesidades especiales en tu iglesia? Considera reunirlas a todas para animarlas. ¿Hay madres solteras en tu iglesia? ¿Cómo se pueden incluir en la comunidad? ¿Y qué hay de las viudas y los viudos?

Nunca más sola

A veces, nos sentimos solas durante una temporada y poco podemos hacer para cambiar la situación. Quizás nos hemos mudado recientemente a un lugar nuevo y necesitaremos tiempo para conocer personas nuevas. Tal vez una querida amiga se haya mudado y nos duele la pérdida de esa constante amistad cercana. Tal vez una amiga nos ha lastimado y rechazado, y nos sentimos rechazadas y abandonadas. Ya sea que tengamos amigas cercanas o no, siempre podemos confiar en Jesús, nuestro amigo perfecto.

Dios nos conoce y nos ama desde antes de la fundación del mundo. Nos eligió para ser parte de su familia cuando todavía estábamos enemistados con Él. Nos conoce mejor que cualquier amigo humano. Nos formó en el vientre de nuestra madre y conocía cada parte de nosotros. Conoce los pensamientos y las intenciones de nuestro corazón incluso antes que nosotros mismos los conozcamos. Nos creó con un propósito y obras específicas en mente para las cuales nos destinó. Él es nuestro mejor amigo.

Nuestro Salvador nunca nos rechazará ni nos abandonará. Nunca se cansará de nosotros y nos dejará a un lado. Hizo todo lo posible para rescatarnos del pecado. Dio su propia vida por nosotros. No hay nada que podamos hacer que nos separe de Él. Siempre podemos confiar en Él. Es un amigo incondicional y fiel.

En todo momento y en todo lugar, está con nosotros. Escucha el clamor de nuestro corazón. Conoce nuestros pecados, nuestras debilidades y nuestro sufrimiento. Conoce nuestros anhelos más profundos y nuestras mayores necesidades. Siempre nos escucha y nos responde. Nos recibe tal como estamos con amor y gracia. Es nuestro amigo eterno.

Cuando nos sentimos perdidas y solas, cuando no tenemos a nadie más a quien acudir, podemos clamar a nuestro Salvador. Podemos presentar delante de Él todas nuestras preocupaciones y temores, nuestras esperanzas y sueños, nuestras alegrías y tristezas. Podemos buscar su sabiduría. Podemos recibir su ayuda en nuestros problemas. Él está siempre con nosotras y nunca nos dejará. ¡Qué amigo que tenemos en Jesús!

Para el corazón de una madre

1. Lee Romanos 12:3-21. ¿Qué te enseña sobre la comunidad cristiana en este pasaje?
2. ¿Qué significa para ti que, gracias a Jesús, nunca estás sola?
3. Ora a Aquel que te conoce por dentro y por fuera. Busca su amistad en todo momento y en todo lugar. Pídele que te dé amistades piadosas en el cuerpo de Cristo.

Una oración para las mamás que se sienten solas

Ya no os llamaré siervos, porque el siervo no sabe lo que hace su señor; pero os he llamado amigos, porque todas las cosas que oí de mi Padre, os las he dado a conocer (Juan 15:15).

Amado Padre celestial:

Vengo ante ti hoy para decirte que me siento sola, aislada, que nadie me ama. He tenido un día difícil y no hay nadie con quien pueda hablar. Como madre, tengo problemas y no sé a quién pedir sabiduría. Estoy muy sola y no veo ninguna salida.

Te doy gracias porque Jesús me llama amiga. Él sabe lo que es estar solo. Sabe lo que es tener amigos que se vuelven contra Él y lo abandonen. Sabe lo que es no encontrar su lugar en la multitud. Es un Salvador compasivo. Te doy gracias, Jesús, por haber sido rechazado por mi causa. Podrías haber sido amado por todos. Podrías haber sido coronado Rey, pero te despreciaron, te rechazaron, te trataron como el peor de los delincuentes y, debido a eso, yo puedo ser tu amiga.

Perdóname por las veces que yo rechazo a los demás. Perdóname cuando espero que las personas sean buenas amigas para mí y, sin embargo, yo no soy una buena amiga para ellas. Perdóname por no participar y ser parte del cuerpo de Cristo. Perdóname por no interesarme en los que no tienen amigos y no invitarlos a la comunidad. Perdóname por alentar a las camarillas y los grupos en la iglesia, en lugar de amar y servir a todos los miembros del cuerpo.

Ayúdame a crecer en mi amistad contigo y, a partir de esa amistad, a entablar amistad con los demás. Cuando lleguen las temporadas de soledad, ayúdame a no desesperarme, sino a hallar consuelo en ti. Ayúdame a recordar tu perfecta amistad conmigo. Incluso cuando no puedo confiar en los demás, e incluso cuando no haya nadie más a mi lado, tú siempre estás conmigo.

Escucha el clamor de mi corazón hoy. En el nombre de Jesús. Amén.

15

Cuando nuestros hijos sufren

Una de las cosas más difíciles de ser madre es ver a nuestros hijos luchar o sufrir de alguna manera.

Cuando mi hijo mayor tenía cuatro años, tuvo que someterse a una cirugía de los senos nasales. No solo fue difícil verlo pasar por eso, sino también fue difícil saber que no entendía del todo lo que estaba sucediendo. Incluso fue difícil explicarle que el dolor que sentía era por una buena razón, que, en definitiva, era para su bien.

Fue desgarrador ver al menor de mis hijos llorar cuando su mejor amigo se mudó lejos. Su vida tal como la conocía había cambiado. Se sentía perdido y solo. Todo lo que pude hacer fue llorar con él.

Durante un año, uno de mis hijos se esforzó mucho para ganar un cinturón en las artes marciales. Practicó las posiciones una y otra vez. Lo ayudamos y le hacíamos preguntas sobre los términos que tenía que memorizar en coreano. Cuando llegó el momento de participar, no aprobó. Dolía verlo soportar el fracaso.

Vivimos en un mundo caído y nuestros hijos experimentarán angustia y sufrimiento. Una cosa es reconocer la verdad del sufrimiento en nuestras propias vidas, pero es más difícil enfrentarlo en la vida de nuestros hijos. Si fuera posible, soportaríamos su sufrimiento por ellos. Amamos a nuestros hijos y no queremos verlos pasar por pruebas o dificultades.

Considera las circunstancias dolorosas que han soportado tus propios hijos. Problemas de aprendizaje. Intimidación. Soledad. Pérdida y dolor. Problemas crónicos de salud. Limitaciones físicas. Experiencias traumáticas. Es posible que algunas madres ni siquiera conozcan el alcance total de las dificultades que experimentaron sus hijos antes de adoptarlos y que sean parte de su familia. Y algunas, como las madres sustitutas, sienten el peso de lo que ha sucedido y de lo que puede llegar a suceder cuando los niños se tengan que ir de su hogar. Todos y cada uno de los sufrimientos son difíciles de contemplar. Como mamás, queremos intervenir y proteger a nuestros hijos. Queremos librarlos del dolor. Queremos mantenerlos alejados de las dificultades de la vida.

Ciertamente, tenemos la responsabilidad de evitar que nuestros hijos sufran daño. Les enseñamos a mirar a ambos lados antes de cruzar la calle. Les enseñamos cómo responder a personas sospechosas que les ofrecen dulces o les piden ayuda para encontrar una mascota perdida. Les mostramos cómo marcar el número 911 en caso de emergencia y les hacemos usar un casco cuando andan en bicicleta. Estas son cosas buenas, y está bien hacerlas. Hay sabiduría en eso.

Sin embargo, vivir en un mundo caído significa que no podemos proteger a nuestros hijos de todo. Pueden usar un casco y, aun así, caerse de la bicicleta y romperse un brazo. Los accidentes ocurren. Tampoco podemos protegerlos del fracaso. No importa cuánto invirtamos en clases particulares o capacitación, aun así, pueden fallar en algo. También experimentarán desilusión, angustia y dolor en sus vidas. Es posible que no alcancen las metas que

se han fijado. Incluso podrían experimentar un profundo sufrimiento. Es difícil pensar en todo esto, pero es la realidad.

La pregunta es: ¿qué dice el evangelio a esto? ¿Cómo es que
Jesús es nuestra ayuda y esperanza cuando nuestros hijos sufren?

Por qué vino Jesús

Vivimos en un mundo corrompido donde las cosas no son como
deberían ser. En la oración del capítulo 4, me referí a la metahistoria de las Escrituras. Cuando enfrentamos el sufrimiento, es
importante que recordemos la gran historia de la Biblia, porque
nos explica por qué suceden cosas malas. Debido a la caída de
Adán y Eva, el pecado impregnó toda la creación. Suceden cosas
malas por el pecado, por los pecados que otras personas cometen contra nosotros, por los pecados que nosotros cometemos y
las consecuencias resultantes de tales pecados, y por los efectos
que el pecado tiene en la creación misma, incluida la muerte, la
decadencia y enfermedad. A veces, todos estos factores entran en
juego a la vez.

Por eso vino Jesús. Vino a redimir y restaurar el quebranto
que causa el pecado. Vino a hacer nuevas todas las cosas. Vino
para liberarnos del pecado y la muerte. Y lo hizo a través de su
propio sufrimiento: "él mismo [llevó] nuestros pecados en su
cuerpo sobre el madero, para que nosotros, estando muertos a los
pecados, vivamos a la justicia; y por cuya herida fuisteis sanados"
(1 Pedro 2:24).

A menudo pienso en lo que debió cruzársele por la mente a
María cuando Simeón le dijo, en la circuncisión de Jesús:

Ahora, Señor, despides a tu siervo en paz, conforme a tu
palabra; porque han visto mis ojos tu salvación, la cual has
preparado en presencia de todos los pueblos; luz para revelación a los gentiles, y gloria de tu pueblo Israel... Y los

bendijo Simeón, y dijo a su madre María: He aquí, este está puesto para caída y para levantamiento de muchos en Israel, y para señal que será contradicha (y una espada traspasará tu misma alma), para que sean revelados los pensamientos de muchos corazones (Lucas 2:29-32, 34-35).

Las buenas nuevas de quién era Jesús y cómo traería la salvación al mundo asombraron y maravillaron a María. Al mismo tiempo, ¿cómo se sentiría ella al saber que también le esperaba dolor? ¿Qué significaba para ella que su hijo algún día tuviera que sufrir? Como señaló Matthew Henry: "Cuando lo maltrataban, fue como una espada en sus propios huesos. Cuando estaba parada junto a su cruz y lo vio morir, bien podríamos pensar que su dolor interior era tal que podría decirse que verdaderamente una espada traspasó su alma, perforó su corazón".[1]

Esa mezcla de esperanza y dolor, que probablemente sintió María ese día en el templo, refleja el evangelio. Dios usó la peor atrocidad, el sufrimiento de Jesucristo en la cruz, para producir el mayor bien: nuestra redención del pecado. Por sus heridas fuimos sanadas (ver Isaías 53:5).

Sufrir por Cristo

El sufrimiento y las pruebas que enfrentamos en esta vida suceden por una variedad de razones. Como vimos anteriormente, a fin de cuentas, todo sufrimiento tiene sus raíces en el pecado y la caída de la humanidad. Esto se debe a que las dificultades no existieron hasta después de la caída. Sin embargo, aun así, es posible que todavía no conozcamos las razones específicas por las que enfren-

---

1. Matthew Henry, *Matthew Henry's Commentary on the Whole Bible* (Peabody, MA: Hendrickson Publishers, 1991), 1830. Edición en español, *Comentario bíblico Matthew Henry: Obra completa sin abreviar*, publicada por Editorial Clie, 1999.

tamos una prueba o una temporada de sufrimiento en particular en esta vida. Esto le sucedió a Job; nunca supo por qué tuvo que soportar semejantes horrores. Tampoco podemos presuponer que el sufrimiento está directamente relacionado con el propio pecado de una persona. Cuando los discípulos le preguntaron a Jesús si un hombre que había nacido ciego era ciego a causa de su pecado o del pecado de sus padres, Jesús respondió: "No es que pecó este, ni sus padres, sino para que las obras de Dios se manifiesten en él" (Juan 9:3).

Para el creyente, el sufrimiento es parte de seguir a Cristo: "Si alguno quiere venir en pos de mí, niéguese a sí mismo, y tome su cruz, y sígame" (Mateo 16:24). Así como nuestro Salvador sufrió, también podemos esperar sufrir de alguna manera. Dios nos llama a una vida de sufrimiento por Él. Además, Dios usa el sufrimiento para nuestra santificación, para enseñarnos y hacernos más semejantes a Cristo.

En el caso de nuestros hijos, ya sea que el Espíritu se haya apoderado de sus corazones o no, podemos esperar que el Señor use el sufrimiento en sus vidas con propósitos redentores. Considera las cosas que has experimentado en tu vida que te llevaron a la cruz de Cristo. Tal vez fue un problema de salud crónico o quizás una relación rota. Tal vez experimentaste una pérdida significativa en tu vida. Puede que hayas pasado por una temporada de rebeldía y luego hayas experimentado las consecuencias de tal rebelión. Cualesquiera que sean tus circunstancias, el Señor las usó para atraerte a Él, para mostrarte que lo necesitas, para que no te aferres a este mundo.

Nuestros hijos también necesitan ver su necesidad de Jesús. Podría ser que en los fracasos se den cuenta de que no pueden vivir en sus propias fuerzas. Podría ser que a través de una enfermedad o un accidente lleguen a una dependencia en Cristo. Quizás Dios use el trastorno de aprendizaje de tu hijo para ayudarlo a confiar en su Salvador. Es posible que la soledad que está experimentando tu hija sea lo que Dios use para ayudarla a acercarse y hacerse amiga de alguien que necesita conocer a Cristo. En algún momento de sus vidas, ya sea en la niñez o en la edad adulta, experimentarán una o más dificultades. El Señor puede usar esas dificultades como una herramienta para mostrarles su necesidad de Él y atraerlos a Él.

Cuando las mamás vemos que les suceden estas cosas nos duele el corazón e incluso se nos rompe, pero debemos recordar que Jesús ama a nuestros hijos incluso más que nosotras. Dios conocía a nuestros hijos desde antes de la fundación del mundo. Fueron creados a imagen de Dios para vivir para Él y su gloria. Como toda buena dádiva, Dios nos dio a nuestros hijos para amarlos y cuidarlos, pero, a fin de cuentas, pertenecen a Él. Si bien no sabemos exactamente cuál es la intención de Dios al permitir que nuestros hijos pasen dificultades, podemos estar seguras de que Él se preocupa por las almas de nuestros hijos. Se preocupa por quiénes son en la eternidad. Así como confiamos en la obra del Señor en nuestras propias pruebas, podemos confiar en la obra que Él está haciendo en sus vidas.

Esto es algo que también debemos enseñar a nuestros hijos. Necesitamos mostrarles cómo confiar en Dios cuando no entienden lo que está sucediendo. Cuando experimentamos nuestras propias pruebas, podemos hablar de estas luchas con nuestros hijos como una forma de explicarles que, aunque una prueba sea difícil de pasar, Dios está con nosotros en ella. Podemos hablar con nuestros hijos de otras personas conocidas que han enfrentado dificultades y explicarles cómo Dios las alcanzó en su sufrimiento con su gracia suficiente. Podemos leerles biografías de misioneros o de otros siervos del reino y podemos mostrarles la esperanza y la confianza que tuvieron en el cuidado soberano de Dios durante sus sufrimientos. Muchas de estas historias muestran la providencia de Dios de manera asombrosa y notable.

Acude a Cristo

Al ser testigos de las dificultades en la vida de nuestros hijos, es importante que acudamos a Cristo y ayudemos a nuestros hijos a acudir a Él también.

Necesitamos recurrir al evangelio y recordar quién es Cristo y lo que hizo por nosotros. Necesitamos poner nuestra esperanza en su obra de redención, porque solo Él puede salvar. Solo Él puede redimir las pruebas y dificultades que atraviesan nuestros hijos.

Debemos recordar su preeminencia sobre todas las cosas, incluso sobre el corazón de nuestros hijos. Cuando nos preocupamos o tememos por nuestros hijos a causa de las luchas que están atravesando, debemos confiar en que el Dios que ordenó los planetas es el mismo Dios que ordena los acontecimientos en la vida de ellos. Es el Autor de su historia; su nombre está en la portada. Solo Él conoce el final. Cuando nuestro corazón llora por las dificultades que enfrentan nuestros hijos, debemos recordar que nuestro Salvador también llora. Él lamenta el pecado y el dolor de este mundo caído, tanto que vino a hacer algo al respecto. Dio su propia vida para buscar y salvar a los perdidos.

Nuestros hijos también necesitan escuchar el evangelio. Cuando enfrentan pruebas y dificultades en sus vidas, debemos enseñarles lo que sucedió en la caída y lo que Dios hizo para redimirlos del pecado. Necesitamos hablarles de Jesús, su vida perfecta, muerte sacrificial, resurrección victoriosa y ascensión al cielo. Si aún no han aceptado el evangelio por fe, debemos usar sus pruebas como oportunidades para testificarles del evangelio, mostrarles su necesidad de Cristo y lo que Él ha hecho. Podemos contarles nuestro propio testimonio de cómo el Señor nos llevó a la fe en Él. Si nuestros hijos ya hicieron una confesión de fe, debemos ayudarlos a ver que sus pruebas son oportunidades para que aprendan y crezcan en la fe, en su confianza y en su amor por el Salvador. Podemos contarles nuestra propia historia de la obra de Dios en y a través del sufrimiento y podemos enseñarles cómo Dios usa el sufrimiento para nuestro bien y su gloria.

Como hijos del pacto, nuestros hijos son parte de la comunidad de la fe. Reciben muchos beneficios por ser parte de la Iglesia. Escuchan la predicación del evangelio los domingos por la mañana. Participan en la oración colectiva, recitan el evangelio en las confesiones y cantan alabanzas a nuestro Salvador. Otros miembros de la iglesia los guían e instruyen en la fe. En todo esto, nuestros hijos aprenden el evangelio. Todo esto se vuelve parte del ritmo de sus vidas y, oramos, que también sea parte del latido del corazón de sus almas.

Amiga mía, debemos buscar a Jesús en las pruebas de nuestros hijos. Necesitamos depender de Él y de su gracia para ayudar a nuestros hijos a superar sus luchas. Necesitamos tener esperanza en el evangelio y en el poder del Espíritu que obra en el corazón de nuestros hijos. Que todas sus luchas los lleven (y a nosotras) a los pies de Cristo.

Para el corazón de una madre

1. Lee 1 Pedro 1. ¿Cuál es nuestra esperanza (y la de nuestros hijos) cuando llegan las pruebas?
2. ¿Cómo te da esperanza el evangelio en medio de las dificultades de tus hijos?
3. Ve a Dios en oración. Ora por su obra en la vida de tus hijos, para que las dificultades que atraviesan redunden para su bien eterno.

Una oración para cuando nuestros hijos sufren

*Pues para esto fuisteis llamados; porque también
Cristo padeció por nosotros, dejándonos ejemplo,
para que sigáis sus pisadas; el cual no hizo pecado,
ni se halló engaño en su boca; quien cuando le
maldecían, no respondía con maldición; cuando
padecía, no amenazaba, sino encomendaba la causa
al que juzga justamente (1 Pedro 2:21-23).*

Padre amado:

Vengo ante ti con el corazón roto. Lloro por el sufrimiento y el dolor de mi hijo. Quiero gritar: "¿Por qué, Señor? ¿Por qué mi hijo? Quiero quitarme el dolor. Ojalá pudiera sufrir yo en su lugar.

Sin embargo, luego recuerdo que comprendes lo que es ver sufrir a tu propio Hijo. Antes de la fundación del mundo, planeaste una manera de rescatarnos del pecado: enviar a tu propio Hijo a sufrir por nosotros. Lo viste torturado, golpeado y magullado. Lo escuchaste llorar en el huerto mientras pensaba en el peso del sufrimiento que se avecinaba. Y luego descargaste sobre Él tu ira, la que merecíamos nosotros.

Perdóname cuando me olvido de la esperanza que tengo en el evangelio. Perdóname cuando no miro los sufrimientos de mis hijos a través de la lente de lo que hizo Jesús, sino que busco a alguien o algo a quien culpar. O cuando intento envolver a mis hijos como con un plástico de burbujas protector, con la esperanza de que no les pase nada malo. O cuando me desespero.

Padre, redime esta dificultad en la vida de mis hijos. Si es tu voluntad, líbralos de ella. Si no es tu voluntad librarlos, utilízala para tu gloria y su bien. Úsala para atraerlos a ti y al evangelio. Úsala para transformarlos y santificarlos. Úsala para moldear sus corazones para la eternidad. Y úsala en mi propio corazón para acercarme más a ti.

El sufrimiento me despega de este mundo y me hace anhelar mi hogar eterno. ¡Por favor, ven pronto, Señor! Ven y haz tu hogar con nosotros. Danos un cuerpo nuevo y un corazón nuevo. Anhelo cantar tus alabanzas ante el trono de Dios.

Hasta que llegue ese día, ayúdame y ayuda a mis hijos a vivir para ti, incluso en las dificultades y las pruebas de la vida.

En el nombre de Jesús. Amén.

16

Cuando nos sentimos culpables como mamás

Hemos provocado terriblemente a Dios,
pero Cristo ha ejecutado esa justicia que es
infinitamente preciosa a los ojos de Dios.

JONATHAN EDWARDS

Al menor de mis hijos le diagnosticaron asma a las seis semanas de vida. Cuando estaba en preescolar, las constantes enfermedades exacerbaron su condición. Estaba atenta a sus tratamientos respiratorios. Hacía todo lo que podía para evitar que se enfermara; pero, salvo que lo colocara dentro de una burbuja protectora, no podía evitar que se contagiara de una y otra enfermedad. Los médicos realizaron exámenes y probaron con diferentes medicamentos. Uno de los medicamentos que probaron fue específicamente para la prevención del asma.

Pasó más o menos un mes y mi hijo estaba cada vez más irritable. Triste. Casi deprimido. Hablamos con él y oramos con él. Intentamos averiguar qué le molestaba. Lloraba por todo. Nos dolía verlo tan triste, pero no podíamos determinar qué le estaba molestando. Ni siquiera él lo sabía.

Y luego me acordé de la nueva medicación. Investigué un poco y descubrí que la depresión era un efecto secundario potencial. Llamé inmediatamente al médico y le suspendimos el tratamiento.

Todavía recuerdo el sentimiento de culpa que sentí como madre. Mi hijo estaba sufriendo y yo no sabía cómo ayudarlo. Cuando descubrí que la culpa era del medicamento, me sentí culpable de no haber leído los efectos secundarios antes de dárselo. Me sentí culpable de que me hubiera tomado tanto tiempo descubrir el origen de su tristeza. Me sentí culpable de hacerlo sufrir.

Esa no es la única vez que me he sentido así. Muchas veces he sentido que decepcioné a mis hijos al no ser la mamá que ellos necesitaban que fuera. Me he enojado conmigo misma por no darme cuenta de cosas que debería haber percibido. Me he lamentado de las debilidades e insuficiencias que me han impedido atender o suplir las necesidades de mis hijos en todo momento y en todo lugar.

Sentimientos de culpa como mamá. En algún momento, nos sentiremos culpables. Nuestro hijo puede tener una enfermedad que tardamos en detectar. Nuestro hijo puede tener un problema de aprendizaje durante años antes que nos demos cuenta. Nuestra hija puede quejarse de que los demás niños la están molestando, cosa que ignoramos hasta que llega a casa llorando, temerosa de ir a la escuela. Cualesquiera que sean las circunstancias, conocemos ese sentimiento de culpa cuando nuestros hijos sufren. Nos sentimos responsables. Pesa mucho en nuestro corazón. No podemos dejar de pensar en lo mala que pudo haber sido la situación. Pensamos en las distintas maneras en que podría haber sido peor. Prometemos estar más atentas en el futuro.

Si ser madre fuera un trabajo, probablemente ya nos habríamos despedido a nosotras mismas.

Verdadera culpa frente a la falsa culpa

Como mamás, tendemos a ser muy exigentes con nosotras mismas. Exigimos y esperamos más de nosotras que de cualquier otra persona. Tratamos de ser todo para todo el mundo. Esperamos saberlo todo, ser todo y ser capaces de todo.

Cuando se trata de nuestros hijos, esperamos saber que están enfermos antes que nadie. Esperamos nunca olvidarnos de llevarlos a una cita o pasar por alto un comportamiento atípico. Esperamos estar siempre al tanto de las cosas y detectar cada vez que nos ocultan algo o que sus mejores amigos ya no los buscan para estar con ellos o que su apetito está apagado. Esperamos saber de inmediato si están atrasados académicamente comparados a sus compañeros o si tienen problemas para relacionarse con otros niños en el patio de recreo.

Y, cuando se nos escapa algo, nos regañamos a nosotras mismas. Hemos decepcionado a nuestros hijos y, como resultado, nos merecemos el premio a la peor mamá del año. Sin embargo, la verdad es que la culpa que sentimos no es la verdadera culpa. La verdadera culpa es el resultado del pecado. Cuando pecamos y quebrantamos la ley de Dios, somos culpables. De hecho, todos somos culpables; porque, como nos recuerda Santiago: "cualquiera que guardare toda la ley, pero ofendiere en un punto, se hace culpable de todos" (Santiago 2:10).

Sin embargo, no darse cuenta de algo no es pecado. Olvidar algo o no prevenir algo no es pecado. Ignorar algo o carecer de conocimiento sobre algo es fragilidad humana, no pecado. Cuando nuestro hijo se lastima y no podemos evitar que suceda, se trata de una limitación humana, no de un pecado. Cuando sucede algo que no sabemos, es porque nuestro conocimiento se limita a un momento y lugar específicos. Eso tampoco es pecado; es un reflejo de nuestra humanidad.

Somos seres humanos finitos, no somos Dios. No podemos conocer ni prever el futuro de nuestros hijos. No podemos saber todo sobre nuestros hijos. No podemos controlar todo lo que sucede. No podemos evitar que sucedan las cosas. Estamos limitadas por nuestra humanidad. Cometemos errores. No nos percatamos de cosas. Olvidamos cosas.

Es importante que, al sentir el peso de la culpa en nuestro corazón, determinemos si lo que estamos sintiendo es culpa verdadera o culpa falsa. ¿Hemos pecado y tenemos que acercarnos a Dios y arrepentirnos de ese pecado? ¿O se debe al simple hecho de que somos humanas?

Reconocer nuestra fragilidad y limitaciones humanas es difícil para nosotras como mamás. Tratamos de ser la mejor mamá para nuestros hijos, lo cual es una tarea y aspiración noble. Sin embargo, la realidad es que, por más que lo intentemos, no podemos tener todo bajo control. No podemos saberlo todo. Sucederán cosas que no esperamos ni anticipamos. Nuestras debilidades y limitaciones humanas interferirán de alguna manera. Y ahí es cuando tenemos que enfrentar la verdad: no somos perfectas.

¿Sabes qué? Todas menos una de las personas que Dios usó en su plan de redención tampoco eran perfectas. También tenían debilidades y limitaciones. Según los estándares del mundo, no tenían nada que ofrecer. Tomemos el ejemplo de Moisés. Tartamudeaba y era un candidato poco probable para ser líder. Sin embargo, Dios lo usó para sacar a los israelitas de la esclavitud. David era un joven pastor, el más joven de su familia, pero Dios lo eligió para ser rey. María era joven, pobre e insignificante, pero Dios la usó para ser la madre de nuestro Salvador. El apóstol Pedro era un pescador sin educación, que a menudo hablaba sin pensar, pero Dios lo convirtió en la "roca" y en un líder importante en la iglesia primitiva.

Sí, somos imperfectas como mamás. Sí, les fallamos a nuestros hijos de vez en cuando, pero Dios nos ha llamado a esta importante tarea y hará de nosotras las madres que debemos ser para nuestros hijos. ¿Cómo lo hace? Por medio de Cristo.

Nuestro perfecto Salvador

Nuestro Salvador es la segunda persona de la Trinidad. Es Dios encarnado. Es "el resplandor de su gloria, y la imagen misma de su sustancia, y quien sustenta todas las cosas con la palabra de su poder, habiendo efectuado la purificación de nuestros pecados por medio de sí mismo, se sentó a la diestra de la Majestad en las alturas" (Hebreos 1:3). Nuestro Salvador gobierna y sustenta todas las cosas. Es soberano sobre todas las cosas. Sabe todas las cosas. Está siempre muy presente y nunca se le pasa por alto nada ni se le escapa nada. Es perfecto, santo y justo. Por eso fue nuestro sustituto en la cruz. Era el Cordero sin mancha, el único que podía cargar con nuestros pecados.

También conoce toda su creación, desde el más grande hasta el más pequeño, incluso a un pajarillo (ver Lucas 12:6). Se preocupa por su creación, desde proteger a los animales del campo (ver Jonás 4:11) hasta enviar lluvia al árido desierto (ver Job 38:26) y hasta alimentar al cuervo hambriento (Job 38:41). Si Dios se preocupa por su creación, ¿cuánto más lo hará por nosotras, a quienes hizo a su imagen? Nuestro Señor conoce todas nuestras preocupaciones y suple todas nuestras necesidades. Es amoroso, amable y compasivo: "Porque Jehová es bueno; para siempre es su misericordia, y su verdad por todas las generaciones" (Salmos 100:5). Siempre hace lo que es coherente con su carácter.

Dios ha demostrado su fidelidad una y otra vez. Su último acto de fidelidad fue garantizar en la cruz nuestra redención del pecado. Si fue fiel para salvarnos de nuestra maldad, podemos estar seguras de que será fiel con nosotras.

Cuando nos sentimos culpables por no suplir las necesidades de nuestros hijos, debemos ir a Jesús. Cuando somos imperfectas y débiles, tenemos que descansar en Él. Cuando enfrentamos la realidad de que no podemos controlar todas las cosas, debemos confiar en Él. Necesitamos recordar quién es Jesucristo. Él es todo lo que nosotras no podemos ser. Es nuestro Redentor que obedeció la ley que no podíamos obedecer; que resistió las tentaciones que no podíamos resistir y que confió en Dios cuando no lo hicimos. Él es nuestra fortaleza en la debilidad, nuestra suficiencia en nuestra insuficiencia, nuestra sabiduría en nuestra ignorancia. Jesucristo es perfecto para nosotras.

El ejemplo de Pablo

En una carta a la iglesia de Corinto, Pablo describió su ministerio para con ellos.

> Así que, hermanos, cuando fui a vosotros para anunciaros el testimonio de Dios, no fui con excelencia de palabras o de sabiduría. Pues me propuse no saber entre vosotros cosa alguna sino a Jesucristo, y a este crucificado. Y estuve entre vosotros con debilidad, y mucho temor y temblor; y ni mi palabra ni mi predicación fue con palabras persuasivas de humana sabiduría, sino con demostración del Espíritu y de poder, para que vuestra fe no esté fundada en la sabiduría de los hombres, sino en el poder de Dios (1 Corintios 2:1-5).

Uno de los problemas que plagaban a la iglesia de Corinto era la confianza que habían depositado en la sabiduría y la fuerza humanas. Por eso Pablo no les predicó con argumentos griegos o discursos elocuentes, sino con debilidad y fragilidad humana, para que el Espíritu y el poder del evangelio fueran exaltados. Quería que conocieran a Cristo. Quería que no lo vieran a él y lo que él podía hacer, sino lo que Dios podía hacer a través de él.

El objetivo de Pablo y el nuestro como mamás es el mismo: no saber otra cosa más que de Jesucristo y de Él crucificado. No confiamos en la sabiduría o la fuerza humanas. No confiamos en nosotras mismas ni en nuestras habilidades. No confiamos en quiénes somos y en lo que podemos hacer, sino en quién es Cristo y en el poder del evangelio que obra en nosotras.

Amiga mía, si te sientes culpable como mamá, recuerda que eres una criatura débil y finita. También recuerda quién es tu Dios. Tú no eres perfecta, pero Cristo sí lo es. Busca tu esperanza en el evangelio y en quién es Cristo para ti.

Para el corazón de una madre

1. Lee 1 Corintios 1:26-31. ¿Por qué Dios elige a los débiles? ¿De quién debemos gloriarnos?
2. ¿Alguna vez te enojaste contigo misma por no ser la mamá perfecta? ¿Qué dice el evangelio de esto?
3. Ve a Dios en oración. Admite tus debilidades y limitaciones como mamá. Pide a Dios que Él sea tu sabiduría y tu fortaleza.

Una oración para la mamá que se siente culpable

Porque lo insensato de Dios es más sabio que los hombres, y lo débil de Dios es más fuerte que los hombres (1 Corintios 1:25).

Amado Padre celestial:

Lo hice otra vez. Fallé como mamá. Defraudé a mis hijos y ahora ellos están sufriendo por mi culpa. Siento que soy una pésima madre. Deberían quitarme el título de mamá. No estoy en condiciones de serlo. Soy débil e insuficiente. No sé todo lo que hay que saber.

Mi respuesta a esta situación apunta a mi perfeccionismo y mi deseo de hacer todo bien. Quiero ser la mejor mamá. No quiero fallar nunca. Perdóname, Padre, por intentar hacer y ser algo que no puedo ser. Perdóname por confiar en mis propias fuerzas. Perdóname por no confiar en ti.

Solo tú eres Dios. Solo tú eres perfecto y justo. Solo tú eres soberano sobre todas las cosas. Conoces el final desde el principio y tienes el mundo en la palma de tus manos. Conoces cada detalle de mi vida, mis fracasos como mamá y cada una de las necesidades de mis hijos.

Te doy gracias por tu Hijo, Jesús, que es perfecto para mí. Vivió una vida perfecta e hizo el sacrificio perfecto por mis pecados. Debido a que Él era perfecto, la tumba no pudo retenerlo. Resucitó y ahora reina en el cielo. Debido a quién es Él y lo que ha hecho, no tengo que ser una madre superhéroe. Puedo descansar en quién es Jesús para mí.

Sé mi fortaleza en este día. Sé mi sabiduría. Sé mi esperanza.

En el nombre de Jesús. Amén.

17

El evangelio para los días buenos

Dios es más rico y más generoso con sus hijos que nuestros padres terrenales; porque Él es nuestro Padre espiritual, un Padre que ama y vive para siempre.

MATTHEW HENRY

"¡Mamá, este es el mejor viaje de mi vida!", exclamó el menor de mis hijos.

Habíamos viajado a Anchorage para visitar a la familia y, como regalo especial, llevamos a los niños a dar un paseo en trineo tirado por perros en la cima de un glaciar. Aparte de los dos entrenadores de perros que vivían en el campo de hielo, éramos las únicas personas allí.

Llegamos en helicóptero, volando sobre los riscos de las montañas rocosas y kilómetros de nieve y hielo que parecían interminables. Todo era de un blanco que cegaba los ojos cuando el sol brillaba sobre la nieve. Los entrenadores nos enseñaron sobre los perros de trineo y nos explicaron cómo habían sido entrenados, luego nos llevaron a dar un paseo en trineo con ellos. Nos reímos, gritamos y disfrutamos cada momento.

Tendría que estar de acuerdo con mi hijo: fue el mejor viaje. Sin embargo, no tanto porque tuviéramos una nueva experiencia, por más emocionante que fuera, sino porque la vivimos juntos. Creamos grandes recuerdos como familia durante ese viaje del que todavía seguimos hablando.

La mayoría de los capítulos de este libro han abordado cómo se aplica el evangelio a las luchas y retos que enfrentamos como madres. Este capítulo aborda qué dice el evangelio sobre nuestros días buenos; porque hay muchos días buenos para las mamás.

Días como:

- cuando conoces a tu hijo por primera vez, ya sea por nacimiento o por adopción
- cuando tu hijo logra algo por primera vez, como dar sus primeros pasos, aprender a ir en bicicleta, leer sus primeras palabras en un libro o actuar en su primera obra de teatro
- cuando se ríen juntos por una broma tonta
- cuando tu hijo se sienta en tu regazo y se acurruca mientras le lees antes de irse a dormir
- cuando tu hija desenvuelve un regalo que le compraste y su rostro se ilumina de alegría
- cuando ves a tu hijo lograr algo por lo que tanto se ha esforzado
- cuando disfrutan de un viaje juntos y ven la creación de Dios en una magnífica vista
- cuando tu hijo hace una profesión pública de fe
- cuando eres testigo del fruto del Espíritu en el corazón de tu hijo

Estos días buenos son un regalo del Señor, pero, a veces, nos enfrascamos tanto en el momento que pasamos por alto lo que Dios nos muestra y comparte con nosotras en esos días buenos.

Dios tiene algo para nosotras en los días buenos. Algo que no queremos perdernos.

Los días buenos resaltan el evangelio

Nuestros días buenos resaltan quién es Dios y lo que ha hecho por nosotras en Cristo.

Dios es el creador y dador de todas las cosas buenas. Él nos da vida, aliento y salud (ver Hechos 17:25). Nos sostiene cada día. Suple nuestras necesidades. Hace habitar a las personas solitarias en familias. Nos dio el regalo de la salvación, el Espíritu Santo y la promesa de la eternidad. Usa nuestros dones y habilidades para el bien de la Iglesia. De hecho, todo lo que tenemos, todo lo que somos, proviene de la mano de Dios. Esto incluye nuestros días buenos y los dulces momentos con nuestros hijos.

Dios nos da cosas buenas porque es nuestro Padre. A través de nuestra salvación, somos adoptadas en la familia de Dios y nos convertimos en sus hijas. Y Él es un *buen* padre. Le encanta derramar su gracia sobre sus hijos. Le encanta darnos cosas buenas para que las disfrutemos. Desde la comida hasta un techo sobre nuestra cabeza, desde el compañerismo con amigas queridas hasta el amor de nuestra familia, todos son regalos buenos y generosos de Dios. Considera todo el esfuerzo que ponemos en dar cosas buenas a nuestros hijos; ¡cuánto más nuestro Padre celestial perfecto nos dará exactamente lo que necesitamos cuando lo necesitamos! Como dijo Jesús: "Pues si vosotros, siendo malos, sabéis dar buenas dádivas a vuestros hijos, ¿cuánto más vuestro Padre que está en los cielos dará buenas cosas a los que le pidan?" (Mateo 7:11).

Nuestros días buenos nos recuerdan que todas las cosas provienen de nuestro Padre bueno y misericordioso que está en los cielos. Indican quién es Él, su benevolencia y su bondad. De hecho, podríamos pensar en esos días buenos como una forma en que

Dios nos comunica algo sobre sí mismo. Podemos considerar los momentos divertidos con nuestros hijos como una foto instantánea de la bondad de Dios, su amor y fidelidad hacia nosotras.

Considera la felicidad que sentimos al ver una puesta de sol. Es más que una hermosa danza de colores y luces; es una exhibición de la gloria y la magnificencia de Dios. Al ver esa puesta de sol, nos maravillamos y nos gozamos con nuestro Dios creador que diseñó los procesos que funcionan de manera coordinada para producir una puesta de sol: los rayos de luz que dan contra las moléculas de la atmósfera, que luego disparan ondas de luz en diferentes direcciones y producen tonalidades naranja y rojo, rosa y morado. Disfrutamos a Dios como disfrutamos de su creación. No podemos evitar unirnos a la creación y cantar sus alabanzas (ver Salmos 19). Cuando disfrutamos del regalo de la creación de Dios, nos sentimos atraídas por su maravilla y magnificencia, y aprendemos más sobre quién es nuestro Dios. Nos habla de quién es Él en los regalos que nos da.

¿Qué nos podría estar diciendo Dios en ese momento precioso cuando estamos sentadas con nuestro hijo o nuestra hija y le leemos su historia favorita mientras se acurruca en el sofá? ¿Qué podemos aprender acerca de nuestro Dios? ¿Cómo podemos disfrutar y maravillarnos de quién es Él en ese momento? Por un lado, el amor y el cariño que sentimos por nuestros hijos nos ayuda a apreciar, tanto más, el amor paternal que Dios tiene por nosotras. Por mucho que amemos a nuestros hijos, ¡Dios nos ama mucho más! De hecho, Jesús dijo que el Padre nos ama tanto como ama al Hijo (ver Juan 17:23). Tómate un momento para meditar en eso, ¿no es increíble? Nuestro amor por nuestros hijos, por más fuerte que sea, palidece en comparación con el perfecto amor que Dios tiene por nosotras. Su amor por nosotras comenzó en la eternidad pasada; nos amó antes de la fundación del mundo. Nos amó antes que pensáramos en Él. Incluso ahora, cuando nuestro amor por Él es imperfecto y en ocasiones vacila, su amor por nosotros nunca falla. Siempre es paciente, bueno y misericordioso.

En ese dulce momento con nuestro hijo, también podemos maravillarnos de la profundidad del sacrificio de Dios por nosotras en Cristo al considerar de qué manera nos sacrificamos por nuestros propios hijos. ¡Qué no haríamos por nuestros hijos! Piensa en todos los sacrificios que has hecho por tus hijos: sacrificios de tiempo, dinero, energía y más. Los sacrificios que hacemos cada día nos recuerdan el sacrificio más grande que Dios hizo por nosotras. Los días buenos nos recuerdan el evangelio: que Dios nos amó tanto que envió a su único Hijo para salvarnos de nuestros pecados.

A medida que apreciamos y disfrutamos esos días buenos —¡lo que Él quiere que hagamos! —, también debemos recordar que no merecemos ninguna de las buenas dádivas de Dios para nosotras. De hecho, el evangelio dice que, debido al pecado, merecemos la muerte (Romanos 6:23). Sin embargo, Dios, en su gracia, nos amó en Cristo: "Dios muestra su amor para con nosotros, en que siendo aún pecadores, Cristo murió por nosotros" (Romanos 5:8). ¡Ese es el regalo más grande de todos! Todas las buenas dádivas apuntan al regalo supremo: la salvación en Cristo. Apuntan a nuestro Salvador y nos recuerdan todas las bendiciones que tenemos por lo que Cristo hizo por nosotras mediante su vida, muerte, resurrección y ascensión.

Si bien los días buenos nos hablan de quién es Dios y lo que ha hecho por nosotras, también nos hablan de los días mejores y gloriosos que vendrán. Debido a que Cristo nos ha garantizado la salvación y un hogar para siempre con Él en la eternidad, los días buenos nos recuerdan los días perfectos que nos esperan. Un día, el pecado y la tristeza dejarán de existir, y solo quedará el gozo. Los breves momentos de gozo que experimentamos aquí son solo una sombra, un anticipo del gozo eterno que experimentaremos cuando veamos a Cristo cara a cara.

Demos gracias por los días buenos

¿Qué les decimos a nuestros hijos cuando alguien les hace un regalo? Les decimos que digan: "Gracias". Es porque dar las gracias es la respuesta adecuada al recibir un regalo. ¡Cuánto más debemos responder con acción de gracias a nuestro grandioso Dios por todo lo que ha hecho por nosotras!

Como madres, esos días buenos son maravillosas oportunidades para que disfrutemos de nuestros hijos. También son oportunidades para disfrutar, maravillarnos y alabar a nuestro grandioso Dios. Los buenos días abren nuestros ojos para que podamos ver y detectar la gracia de Dios en nuestra vida de una manera nueva. Nos invitan a adorar a Dios.

Cuando nos tomamos un tiempo para ver a Dios en nuestros días buenos con nuestros hijos, debemos responder con acción de gracias por quién es Él. Le damos gracias por ser el Creador y Sustentador de todas las cosas. Le damos gracias por su asombroso poder y fuerza. Le damos gracias por su carácter, santidad, bondad y fidelidad. Le damos gracias por su gran amor inagotable por nosotros. Como escribió el salmista: "Grande es el Señor, y digno de toda alabanza; su grandeza es insondable" (Salmos 145:3, NVI) y "Alabad a Jehová, porque él es bueno; porque para siempre es su misericordia" (Salmos 107:1).

Los días buenos también nos recuerdan que debemos dar gracias por todo lo que Dios ha hecho por nosotras. Cuando vemos su bondad para con nosotras en viajes especiales con nuestras familias, debemos darle gracias. Cuando vemos su fidelidad en el crecimiento de la fe de nuestros hijos, debemos regocijarnos por lo que ha hecho. Cuando vemos su amor por nosotras en Cristo en nuestro propio amor por nuestros hijos, debemos responder con acción de gracias: "Así que, recibiendo nosotros un reino inconmovible, tengamos gratitud, y mediante ella sirvamos a Dios agradándole con temor y reverencia" (Hebreos 12:28).

Los días buenos que Dios nos da son un regalo, un regalo precioso que no debemos pasar por alto. Como ocurre con todos los regalos que recibimos, debemos responder con gratitud y alabanza.

Así que valoremos y atesoremos cada día bueno que Dios nos da. Que esos días no solo resalten quién es Dios y lo que ha hecho, sino que también nos lleven a adorar y alabar a nuestro grandioso Dios. Que podamos ver a Dios en los días buenos y hacer una pausa en esos momentos para agradecer al Señor por su bondad y amor por nosotras. Que podamos alabarlo por quién es Él y por todo lo que ha hecho por nosotras en Cristo.

Para el corazón de una madre

1. Lee el Salmo 136. ¿Por qué tipo de cosas canta el salmista alabanzas a Dios?
2. El pasaje anterior habla de la fidelidad de Dios a Israel. Escribe tus propias alabanzas a Dios. Escribe lo que Dios ha hecho en tu vida (incluso darte el regalo de la salvación) y agrega, después de cada línea, "porque para siempre es su misericordia".
3. Haz la oración de alabanza que acabas de escribir.

Una oración para dar gracias por los días buenos

Gustad, y ved que es bueno Jehová; dichoso el hombre que confía en él (Salmos 34:8).

Padre celestial:

¡Qué gozo y privilegio es poder llamarte Padre! Te doy gracias porque eres un Padre bueno. Te doy gracias por todas las buenas dádivas que me das; dádivas que no merezco, pero son regalos que me das por tu gran amor por mí en Cristo.

Te doy gracias por el dulce día que hemos tenido juntos como familia. Te doy gracias por el crecimiento y la madurez que he visto en mis hijos. Te doy gracias por las oportunidades que nos das de disfrutar juntos de tu creación.

Perdóname por no verte en tus buenas dádivas para nosotros. Perdóname porque mi corazón adora los días buenos y busco encontrar mi esperanza en ellos. Perdóname por no darte la alabanza y la honra que te mereces por todas tus dádivas para nosotros.

Ayúdame a verte en los regalos que me das, a ver tu mano en los días buenos. Ayúdame a aprender más sobre quién eres en esos momentos. Ayúdame a recordar las buenas nuevas del evangelio en esos días. Que los días buenos me recuerden el gozo que tendré por siempre en la eternidad, donde viviré y te adoraré por siempre.

En el nombre de Jesús. Amén.

Conclusión

Como madre, he pasado incontables horas de mi vida leyendo libros a mis hijos. Si hubiera una categoría en el *Libro Guinness de los récords mundiales* por la cantidad de veces que he leído *Buenas noches, luna,* sin duda, ganaría. Por lo general, cuando llegábamos al final de una historia, yo decía: "Fin". Y pasábamos al siguiente libro. (Aunque en verdad, mis hijos a menudo respondían: "¡Otra vez! ¡Léelo de nuevo!").

Eso es a menudo lo que hacemos como adultos: leemos un libro, lo volvemos a poner en el estante y comenzamos otro. Si bien puedes volver a colocar este libro en un estante, y aunque quizás no lo leas una y otra vez como lo hacemos con los libros para niños, mi oración es que no te olvides de las verdades del evangelio que has aprendido. Necesitas el evangelio todos los días de tu vida.

En cada momento, alegre o triste, emocionante o monótono, fácil o difícil, el evangelio ofrece a las mamás una esperanza real y duradera. Las verdades de quién es Jesús y qué vino a hacer mediante su vida, muerte, resurrección y ascensión no solo nos conmueven en el momento de nuestra salvación; se entrecruzan con nuestra vida diaria y traen una esperanza que nos llena de vida.

Cuando uso la palabra *esperanza,* no lo digo como lo hacen muchas personas. La gente suele utilizar la palabra *esperanza* para indicar un deseo: "Espero que te sientas mejor"; "Espero que no llueva mañana"; "Espero que lleguemos a casa a tiempo". Esa esperanza no tiene poder. Es como enviarle buenos deseos a alguien, como si nuestros pensamientos por sí solos pudieran hacer algo para sanar a una persona o contener la lluvia o hacer que las carreteras estén libres de tráfico. A menudo, esa esperanza nos decepciona. Esperamos un día mejor hoy que el que tuvimos ayer, solo para descubrir que estamos viviendo la historia de la clásica película de los 90 llamada *Día de la marmota* o *Hechizo del tiempo*. Todos los días lo mismo.

Sin embargo, la Biblia usa la palabra *esperanza* de una manera más certera y concreta. No como un deseo, sino como algo real. La esperanza es tangible, algo que podemos asir. Es un resultado obvio: "La cual tenemos como segura y firme ancla del alma, y que penetra hasta dentro del velo" (Hebreos 6:19).

Tal esperanza es una expectativa confiada de la gracia futura de Dios en nuestras vidas, basada en su gracia pasada. Podemos mirar hacia adelante con esperanza debido a lo que Dios ha hecho por nosotros en Cristo. En definitiva, la esperanza es una persona: Cristo, nuestra esperanza viva.

Bendito el Dios y Padre de nuestro Señor Jesucristo, que según su grande misericordia nos hizo renacer para una *esperanza viva*, por la resurrección de Jesucristo de los muertos, para una herencia incorruptible, incontaminada e inmarcesible, reservada en los cielos para vosotros, que sois guardados por el poder de Dios mediante la fe, para alcanzar la salvación que está preparada para ser manifestada en el tiempo postrero (1 Pedro 1:3-5).

Por eso buscamos el evangelio, lo estudiamos, nos beneficiamos de él y lo recordamos. Al acabar este libro, quiero dejarte algunas preguntas para que te hagas a medida que avanzas en tu día y crías las almas eternas que Dios ha puesto a tu cuidado. Estas preguntas te recuerdan tu esperanza, quién es Cristo y lo que Él ha hecho.

- En este momento difícil, ¿qué me dice el evangelio? ¿De qué manera lo que Jesús hizo por mí me da esperanza en esta prueba en la que me encuentro ahora?
- En mi debilidad e impotencia, ¿cómo es que la vida perfecta que Jesús vivió para mí me alcanza y me brinda verdadera esperanza?
- En mis malas respuestas a mi hijo hoy, ¿cómo es que la muerte sacrificial de Cristo cubre mi pecado?
- ¿Qué dice la resurrección de Jesús y su promesa de hacer nuevas todas las cosas acerca de la lucha de mi hijo con el pecado hoy?
- ¿Cómo me habla la ascensión de Jesús al cielo, donde está sentado a la diestra de Dios, en este día cuando todo parece ir mal y el caos es abrumador?

Al considerar estas preguntas, haz un alto y tómate un momento para hacer oraciones basadas en el evangelio y aplicar esas verdades a lo que está sucediendo en tu vida. Presenta al Señor tus preocupaciones y temores. Dile que te sientes impotente, insuficiente o cansada y agotada. Confiesa tus pensamientos, actitudes y respuestas pecaminosas. Declara las verdades del evangelio en oración y adáptalas a tu vida y corazón.

Recordar el evangelio y predicarlo a nosotras mismas no es algo para hacer en ocasiones; debe ser un hábito diario. Un hábito sagrado, uno que se convierta en parte del ritmo y los latidos del corazón de nuestras vidas. No es un hábito que no tenga sentido. No es un hábito que hagamos de memoria sin siquiera pensar en lo que estamos haciendo, como lavarnos los dientes o conducir hasta el trabajo. Es un hábito que sustenta nuestra vida, uno que da vida a nuestras circunstancias y nos mantiene firmes durante las pruebas y las tormentas. Es un hábito que nos ayuda a permanecer en Cristo, a aprovechar la abundante provisión de su gracia.

Y, principalmente, es un hábito que nos lleva a nuestro Salvador: nuestra esperanza viva.

Querida amiga, que Jesús sea tu esperanza, ahora y siempre.

Christina Fox

Recursos bíblicos para las mamás

Quería ofrecerte algunos recursos que te ayudarán a recitar el evangelio en tu vida diaria. Estos recursos bíblicos expresan la verdad de quién es Jesús y qué vino a hacer, y te ayudarán a aplicar esas verdades a varios aspectos de tu vida. Los recursos marcados con asterisco (*) están disponibles solo en inglés.

Para tu corazón

Bridges, Jerry, *La disciplina de la gracia: El rol de Dios y el nuestro en la búsqueda de la santidad*. Bogotá: CLC, 2001.

Duguid, Barbara R., *Gracia desbordante: La gloria de Dios manifestada en nuestra debilidad*. Medellín: Poiema Publicaciones, 2016.

Fitzpatrick, Elyse M., *Porque Él me ama: Cómo Cristo transforma nuestra vida*. Medellín: Poiema Publicaciones, 2018.

*_____, *Comforts from the Cross: Celebrating the Gospel One Day at a Time*. 2009. Reimpresión, Wheaton, IL: Crossway, 2011.

*Hill, Megan, *Contentment: Seeing God's Goodness*. Phillipsburg, NJ: P&R Publishing, 2018.

*Horton, Michael, *The Gospel-Driven Life: Being Good News People in a Bad News World*, 2009. Reimpresión, Grand Rapids: Baker Books, 2012.

Keller, Timothy, *Autoolvido: El camino de la verdadera libertad*. Barcelona: Andamio, 2013.

*Smith, Scotty, *Everyday Prayers: 365 Days to a Gospel-Centered Faith*. Grand Rapids: Baker Books, 2011.

*_____, *Every Season Prayers: Gospel-Centered Prayers for the Whole of Life*. Grand Rapids: Baker Books, 2016.

Tripp, Paul David, *Nuevas misericordias cada mañana: 365 reflexiones para recordarte el evangelio todos los días*. Medellín: Poiema Publicaciones, 2015.

Para la crianza de los hijos

*Fitzpatrick, Elyse y Jessica Thompson, *Answering Your Kids' Toughest Questions: Helping Them Understand Loss, Sin, Tragedies, and Other Hard Topics*. Bloomington, MN: Bethany House, 2014.

*_____, *Give Them Grace: Dazzling Your Kids with the Love of Jesus*. Wheaton, IL: Crossway, 2011.

Furman, Gloria, *Atesorando a Cristo cuando tus manos están llenas: Meditaciones sobre el evangelio para madres ocupadas*. Medellín: Poiema Publicaciones, 2019.

Kruger, Melissa B., *Camine con Dios durante su maternidad: Devocional de estudio de once semanas*. Lake Mary, FL: Casa Creación, 2016.

*Mackle, Holly y Linda Barrett, *Engaging Motherhood: Heart Preparation for a Holy Calling*. Lawrenceville, GA: PCA CDM, 2016.

*Miller, Rose Marie, Deborah Harrell y Jack Klumpenhower, *The Gospel-Centered Parent: Study Guide with Leader's Notes*. Greensboro, NC: New Growth, 2015.

*Reissig, Courtney, *Glory in the Ordinary: Why Your Work in the Home Matters to God*. Wheaton, IL: Crossway, 2017.

*Thompson, Jessica y Joel Fitzpatrick, *Mom, Dad…. What's Sex?: Giving Your Kids a Gospel-Centered View of Sex and Our Culture*. Eugene, OR: Harvest House, 2018.

Tripp, Paul David, *Edad de oportunidad: Una guía para educar a los adolescentes*. Graham, NC: Publicaciones Faro de Gracia, 2014.